本丛书得到何东先生独资赞助

This series of books is financially supported exclusively
by Mr. Eric Hotung.

20世纪中国文物考古发现与研究丛书

红山文化

郭大顺 / 著

文物出版社

一　内蒙古赤峰市
　　英金河畔红山

二　内蒙古翁牛特旗赛沁塔
　　拉出土脊饰卷体玉龙

三　牛河梁遗址群鸟瞰

四　牛河梁遗址第二地
点鸟瞰

五　带盖彩陶罍

六 牛河梁遗址第一地点女神庙

八 牛河梁遗址第五地
点一号冢第 1 号墓

七 女神头部塑像

九　玉人

一〇　玉凤

20世纪中国文物考古发现与研究丛书

序 / 张文彬

俗称"锄头考古学"的田野考古学的诞生以及中国考古学学科体系的基本完善，由此而引起的古物鉴玩观赏著录向科学的文物学的转变，是20世纪中国学术与文化界的大事。它从材料与方法两个方面彻底刷新了持续了数千年之久的中国古代史学传统，不但为中国学术界和文化界开拓出更加广阔的研究天地，也为一切关心中华民族悠久历史和灿烂文明的人们不断地提供了可贵的精神滋养和力量源泉。

仰古、述古、探古，进而考古，向来为我国传统文化中一个明显的学术特点。先秦时期诸子百家发其端，汉代司马迁撰写《史记》，北魏郦道元作注《水经》。他们对相关的遗迹遗物，尽可能地做到亲自考察和调查，既能辨史又可补史。这种寻根追源的治学态度，为后世学术上的探古、考古树立了榜样。此后，山河间的访古和书斋式的究古相继开展，特别是对古器物的研究，成了唐、宋时期的文化时尚。不少学者热衷于青铜铭文、碑刻、陶文、印章等古文字的考释，进而有了对器物的辨伪鉴定、时代判断、分类命名等，逐渐兴起了一门新的学问——金石学，涌现出许多著名的古器物鉴赏家和收藏家。只是囿于当时的历史条件，金石学家们无法了解所见文物的出土地点和情况，也难以涉及史前时代漫长的演进历程，因而长期以来始终脱离不了考证文字和证经补史的窠臼。即使如此，他们的艰辛努力和取得的成绩，还是为推动我国传统文化的发展起到了积极作用，并且在事实上也为中国考古学和中国文物学的起步铺设了最早的一段道路。

　　20世纪初，近代考古学由西方传入。中国学者继承金石学的研究成果，学习并运用西方考古学方法，开始从事田野考古，通过历史物质文化遗存，探寻和认识古代社会，揭示人类社会发展规律。早在1926年，中国学者就自行主持山西南部汾河流域的调查和夏县西阴村史前遗址的发掘。随后，我国学者同美国研究机构合作，有计划地发掘周口店遗址，发现了北京猿人。从1928年起至1937年，连续十五次发掘安阳殷墟遗址，取得了较大收获，引起了国内外学术界的重视。自20世纪50年代以后，随着国家大规模经济建设的进行，田野考古勘探、调查和科学发掘工作在全国范围内蓬勃有序地开展，许多重要的典型遗址和墓地被揭露出来，重大发现举世瞩目。它们脉络清晰，层位分明，文化相连，不仅弥补了某些地域上的空白，而且衔接了年代上的缺环，为研究中国古代史、文化史、科学史以及其他学科领域，提供了珍贵、丰富的实物资料，极大地影响着人文社会科学诸多学科专业的研究与发展。这段时间被学术界称为中国考古学的黄金时代。在马列主义理论指导下，具有中国特色的考古学理论体系和方法论逐渐形成。有关研究成果不仅极大地改变和丰富了人们对中国文明起源、中国古史发展等重大问题的认识，同时也扩展了中国文物的研究领域和研究方式。可以说，考古学的发展与进步，直接影响到文物学的形成与发展，而且影响到全社会对文化遗产重要作用的认识以及世界学术界对中国古代文明的重新认识。

从 20 世纪 80 年代开始，文物界就中国文物学的创立，逐渐取得共识，在共同探讨的基础上，初步形成了学科体系。不少学者发表了有关论文，出版了专著，就文物的历史价值、科学价值、艺术价值以及在社会主义的物质文明与精神文明建设中如何对文物进行有效保护、合理利用发表意见。这些研究成果已获得学术界的赞同。

在这世纪之交和千年更替之际，对中国考古学和中国文物事业作一次世纪性的回顾和反思，给予科学的总结，是许多学者正在思考和研究的问题。如果能通过梳理 20 世纪以来重大发现和研究成果，透视学科自身成长的历程，从而展望未来发展的方向，以激励后来者继续攀登科学高峰，无疑是一件很有意义的事。为此，经过酝酿、商讨和广泛征求意见，我们约请一批学者（其中有相当多的中青年学者）就自己的专长选择一个专题，独立成篇，由文物出版社编辑出版一套《20 世纪中国文物考古发现与研究丛书》，并以此作为向新世纪的献礼。

从某种意义上说，《20 世纪中国文物考古发现与研究丛书》是一套学科发展史和学术研究史丛书。其内容包括对 20 世纪考古与文物工作概况的综合阐述；对一些重要的考古学文化和古代区域文化研究情况的叙述；对文物考古的专题研究；对重要的文物考古发现、发掘及研究的个例纪实。

此套丛书的内容面广，而且彼此关联。考虑到各选题在某些内容上难免会有重叠或复述，因此在编撰之初，我们要求各选题之间互有侧重，彼此补充，以期为读者了解 20 世纪中国考古学和文物学的发展提供更多的视角。

我国的文物与考古工作，虽在 20 世纪得到了迅速发展，但仍有许多重大学术问题需要进一步探索。我们主持编辑这套丛书，除了强调材料真实，考释有据，写作态度严谨求实外，也不回避以往在工作或研究上曾经产生的纰漏差错和不足之处，以便为今后的工作和研究提供借鉴。虽然我们尽了很大努力，但限于水平，各篇仍很难整齐划一。由于组稿和作者方面的困难和变化，一些计划之中的题目也未能成书。这些不周之处，敬请专家、学者和广大读者批评指正。

在丛书编印过程中，我们得到了文物、考古界的广泛支持。何东先生在出版经费上给予了热情帮助。在此，一并深表感谢。

2000 年 6 月于北京

目　　录

插 图 目 录

前言

　　中国有五千年的文明史。按照中国考古学文化的编年，中华文明肇始的公元前 3000 年，大约在新石器时代晚期。长期以来，中国的新石器时代晚期被视为原始社会，中华文明史的开端是从距今四千年的夏代算起的，此前的一千年被作为传说时代。究其原因，主要是缺乏作为具备文明特征的考古实证，尤其像两河流域的乌尔（Ur）神庙、埃及的金字塔和印度的莫亨觉达罗（Mohenjodaro）古城那样具有象征性的实证。然而，中国新石器时代考古如从 20 世纪 20~30 年代仰韶文化的发现开始，距今已有近一个世纪的历史了，重要的考古发现不断涌现，但为什么还没有找到五千年文明的考古实证？一代代考古学家为此而焦虑，亿万人民也切盼着尽快找到自己祖先的根脉。

　　突破口在哪里呢？

　　20 世纪 80 年代初，中国现代考古学家苏秉琦提出中国考古学文化区系类型理论。在这一理论指导下，各地在建立自身文化发展序列的基础上，都在寻找本地区文明起源的实证。这时，并不被人注意的属于燕山南北地区的辽宁西部和内蒙古东南部地区，正有一批包括龙形玉器在内的属于红山文化的玉器被不断发现和考定出来。1979 年，在辽宁省西部的文物普查中又发现了一处红山文化的祭祀遗址。这是一个重要的征兆。不久，更大规模的牛河梁红山文化祭坛、女神庙、积石冢群在附近被发现。其规模之宏大，组合之齐全，结构之严谨，出土的女神像和玉雕龙等玉器之精美以及其含义之深，为同时期史前文化所仅见，被认为是中华五千年文明的一个象征。于是，从 20 世纪 80 年代中期开始，一场关于中华文明起源的大讨论由辽西山区的一项考古新发现而引发，也引起文化史、思想史、宗教史、建筑史和艺术史以及其他社会各界的广泛关注。其势头至今仍持续不衰。红山文化从此而异军突起，在中国史前考古研究中取得了应有的地位。

为什么说红山文化的这些考古新发现是中华五千年文明的象征呢？它们是在什么历史背景下形成发展起来的？它在中华文明史上占有怎样的重要地位？它们又是怎么被发现的呢？本书的编写旨意就是要对大家关心的这些问题给予解答。

一 早期的发现与研究

在中国近代考古学史上，红山文化是较早被发现的一种史前文化，但长期以来是被作为一种边远地区的史前文化来对待的。80年代中期，东山嘴、牛河梁坛庙冢遗址和玉器群的发现，使该文化的面貌为之一新，人们对红山文化的认识也产生了一次飞跃。从一种边远地区的史前文化，一跃而成为中华文明起源的象征之一。其间既有漫长的等待与期盼以及科学的预见，也有异军突起时的兴奋。这里先着重介绍20世纪80年代以前对红山文化的认识。

（一）从沙锅屯到红山后

红山文化的最初发现，可以追溯到20世纪初，有两处遗址最为重要，即内蒙古东南部赤峰市（原热河省）红山后遗址与辽宁省葫芦岛市（原锦西县）沙锅屯洞穴遗址。

红山后遗址位于内蒙古赤峰市东北郊英金河畔。1908年日本人类学家鸟居龙藏在原热河省调查时，曾到这一区域采集文物，并注意到红山周围在先史时代的重要性[1]。从1919年起，法国神甫桑志华（E.Licent）也多次到原热河省调查。1924年，他又与法国古生物学家德日进（T.de. Chardin）到过红山前遗址，采集到细石器、石犁耜等[2]。

不过，最初使世人较多认识红山文化这类遗存的，是较早

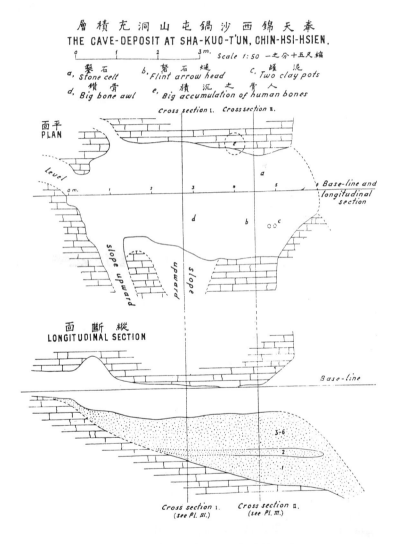

图一　沙锅屯洞穴遗址平面和纵剖面图

正式发掘和发表资料的辽宁省沙锅屯洞穴遗址[3]（图一）。这处洞穴遗址位于葫芦岛市南票镇西北部沙锅屯村东南 1.5 公里处。这一带是作为辽西走廊屏障的松岭山脉的东端，有女儿河支流从山南流过，洞穴在山的南坡，洞口海拔高度 216 米，洞口方向为南偏西 35°。1921 年 6 月，受聘于中国北洋政府农矿部地质调查所的瑞典地质学家安特生（J.G.Andersson）在辽宁西部地区进行煤矿调查，发现这处洞穴里有古人类活动遗迹，当即进行发掘。洞的规模较小，洞口宽仅 1.8 米，高 1.5 米，进深约 5 米，洞顶为较规则的圆弧形状，洞底稍低于洞外地表。洞内堆积可分为五层，采掘出的遗物主要属于新石器时

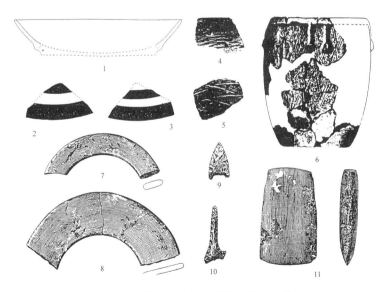

图二　沙锅屯洞穴遗址出土陶器、石器和装饰品

1. 折腹盆　2.3. 彩陶片　4.5. 饰“之”字纹陶片　6. 饰菱形“回”字形绳纹直筒罐　7. 石环　8. 石璧　9. 石镞　10. 石锥　11. 石锛（1、4、5 为红山文化，余约为小河沿文化）

代，计有石刀、细石器、饰压印"之"字纹和绳纹的夹砂灰陶筒形罐、彩陶折腹盖盆、红陶双耳壶、骨锥、骨针 石环、石兽形饰等装饰品，还出有四十二个个体的人骨。所出报告推测这个洞穴非古人居住地，而是一处祭祀遗址（图二）。50年代初，曾分析对该遗址出土的鬲形陶器时代较晚，进而对早年发掘时地层划分的科学性提出疑问。这处遗址一度被冷落[4]。近年，辽宁省考古工作者在这一带作了重新调查，发现这处洞穴遗址位于远离河川的山坡高处，山体岩石裸露，附近也少见较厚的黄土堆积，不是适于古人居住之地。同时，在沙锅屯以西30公里处的喀左县境内发现一处时代和文化内涵与沙锅屯相同的洞穴遗址。洞穴位置在接近山峰顶部的陡直山坡上，较沙锅屯洞穴所处位置更高，也更为险要。出土物为与沙锅屯遗址相同的饰绳纹夹砂灰陶直腹罐、泥质红陶双耳罐、彩陶盖盆等，也有多具完整人骨。据此，我们以为沙锅屯洞穴遗址应以墓葬为主，兼具祭祀性质，所出遗物属新石器时代的后红山文化（小河沿文化）时期，也有属红山文化的遗物。安特生是在发掘完沙锅屯遗址之后转而南下，于同年10月发掘著名的河南省渑池县仰韶村遗址的。这样，沙锅屯遗址就成为中国近代田野考古史上第一次经正式发掘的古文化遗址，也是赤峰红山后遗址发掘之前认识红山文化这类文化遗存的主要资料[5]。

中国学者较早注意到长城以北地区这类彩陶文化遗存的重要性并着手开展田野工作。这方面首推梁思永先生。1930年冬，梁思永在完成黑龙江的工作后，转道当时的热河省进行考古调查，几乎穿越该省全境，即由今内蒙古东南部的通辽、开鲁到赤峰地区的天山（现阿鲁科尔沁旗府）、林东（现巴林左旗府）、林西、克什克腾旗、赤峰，转河北省的围场、承德返北京。梁先生这次热河之行，本来是想作一次较大规模的发掘，但因天气骤冷等原因，改为调查。除在克什克腾旗陈家营子采集到一种"很像没有绘彩的仰韶陶片"可能与红山文化有关以外，还在赤峰城东到红山嘴之间的北砂窝和东砂窝进行调查，并与桑志华所著《天津北疆博物院所藏新石器时代遗物》图版中所见赤峰采集陶器相比较，认为"尤可注意的是仰韶式的彩陶"。据梁先生1935年有关调查报告补记，他的这次包括热河考古在内的东北考古之行，是中央研究院历史语言研究所从1930年发动的"东北考古"计划的一部分，寻找与长城以南彩陶文化有关的南北接触地区的新石器文化遗存，应当是这一计划的主要目的之一，但这一计划因为东北被日本军队侵占而搁置[6]。

紧接着，追随日本军队之后，日本学术团体来到赤峰红山一带进行考古。主要有1933年德永重康为首的"第一次满蒙学术调查研究团"成员八幡一郎和1935年日本"东亚考古学会"的滨田耕作、水野清一。红山后遗址所在处坐落着一座巨大的山峰，为暗红色的花岗岩质山体，故名红山，赤峰市即由此山而得名。有老哈河支流英金河从西向东流近红山前时，从南折向西绕山而过。遗址分山前（南）和山后（北）两个地点，包含新石器时代和青铜时代的文化遗存。新石器时代遗存集中分布在红山山后。八幡一郎的工作是在红山前调查，并在红山后发掘青铜时代石棺墓[7]。滨田耕作、水野清一的工作是对红山后遗址进行调查和发掘（图三）。1935年的调查和发掘本来也是以青铜时代石棺墓为主的（报告称为第二期文化），调查期间在红山山后（北侧东坡）发现新石器时代遗存，遂进行发掘。出土有大量打制石器、磨制石器、细石器、完整和可

图三 赤峰红山后地势及
遗址分布示意图
①②为红山文化遗址

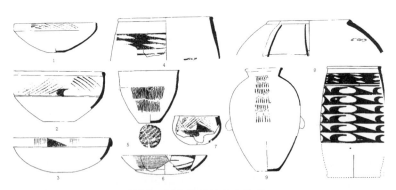

图四 红山后遗址出土陶器

1.彩陶钵 2.3.彩陶盆 4.彩陶罐 5.饰"之"字纹和"席"字纹筒形罐 6.
折腹盖盆 7.彩陶深腹盆 8.彩陶瓮 9.饰篦点"之"字纹红陶小口瓮 10.彩
陶筒形器

复原的陶器以及蚌、贝、骨、角、牙器，特别是出土了一批泥质红陶和彩陶器，还发掘到灶址（图四）。1938年发表正式报告书[8]。此报告注意到与彩陶共出的具北方特色的压印纹夹砂灰陶器，称为"赤峰第一期文化"。这次发掘由于资料较为丰富，且报告发表详细，遂成为此后认识红山文化的主要资料。不过，因发掘点分散，缺少对遗址全貌、原生地层及包括房址在内的遗迹的全面了解。

此外，日本人赤崛英三、八幡一郎等还在赤峰大庙、朝阳二旗营子调查并采集到彩陶片[9]。

（二）红山文化的确立

在红山文化发现的初期，对这个文化作过较多研究的是一批中国考古学家。其代表人物是梁思永、裴文中和尹达。

早在1930年发表山西省西阴村考古发掘报告时，梁思永就十分注意长城以北的有关材料，除比较出沙锅屯洞穴遗址与西阴村遗址的差异以外，又特别注意长城以南和以北两地区的文化接触。他说："北方各群整个地缺少尖底以及典型的西阴敞口敛唇碗，更进一步强调了南北各群之间的差异。""两者的接触地区似在奉天西南部及直隶北部。"为此，他提醒学界注意"沿边文化接触区域"。特别值得一提的是，梁思永当年已经把这一发现与中国古史研究相结合，提出"长城南北几个新石器时代晚期的文化系统的相对的时代关系确定之后，我们才能脚踏实地地去作对比上古史与考古学发现的工作"[10]。

此后，裴文中对长城以北这类含彩陶的文化遗存及其所反映的南北关系作了更为明确的论述，认为长城附近是彩陶文化与细石器文化的混合地带，并设想了细石器文化由北而南，与南来的彩陶文化相遇的移动路线。他说："长城附近为彩陶文化与细石器文化混合之地带（因各遗址皆为彩陶及细石器二文化混合者），""彩陶文化由南方（黄河流域）传布至长城附近，与细石器文化相遇，二者混合，而成一种新文化。"不过，裴氏以为这种集南北两类文化内含的"混合文化"，成分有所不同，但总体上仍属于北方地区的细石器文化："北方细石器文化与黄河流域彩陶文化为两种不同系统之文化，在长城附近（沙锅屯），彩陶成分较多，至赤峰及高家营子，则细石器之成分较多，盖当时之民族为北来者，具有细石器之文化，至此地区之后，与南来者具有彩陶文化之民族相接触，前者受后者之感染，故此区域之混合文化，其基本实为细石器文化。"[11] 60年代时，安志敏认为，细石器文化和仰韶文化并未发现有从北向南和从南向北移动的迹象，所以混合文化的提法不当[12]。但近年的考古发现表明，红山文化与仰韶文化确有南北交汇问题，早年裴文中的看法并无不妥，只是以后的认识更进一步罢了。

由于中国考古界对这一文化的重视，新中国考古工作刚一起步，就开始了对红山文化遗址的调查、发掘和研究，使红山文化从 50 年代到 70 年代都有新的发现和研究成果。

50 年代红山文化的主要研究成果，一是确定了对红山文化的定名，一是恢复了对红山后遗址的发掘。在梁思永的建议下，尹达在他的专著《中国新石器时代》中专门列出分析红山后遗址的章节，认为红山文化是南北文化接触后产生的一种新文化。书中说"就这一新石器时代遗址（赤峰红山后）陶器的特征加以分析，可以看出这种新石器的文化遗存含有长城以北新石器时代细石器文化在陶器上的特点，同时，也含有长城以南新石器时代的仰韶文化中的着色陶器的特点。因之，我们可以说，这种文化似应为长城南北两种新石器时代文化相互影响之后的新型的文化遗存"，并建议称为"红山文化"[13]。

1956年，吕遵谔率北京大学历史系考古专业学生在赤峰红山后遗址进行了实习发掘。这是红山后遗址首次由中国学者自己主持的发掘工作。这次野外工作在红山前遗址采集和试掘到彩陶、饰压印"之"字纹的陶器、石耜和细石器石片，其中有饰篦点"之"字纹的泥质红陶，在进一步明确文化性质的基础上第一次正式使用了"红山文化"这一名称[14]。

60年代与红山文化有关的工作有内蒙古东南部赤峰地区（原昭乌达盟）包括红山文化在内的细石器文化的调查[15]。学者们针对这类遗存普遍缺少原生地层的情况，提出了在"细石器文化"中划分不同考古文化的研究方法，在赤峰地区的细石器文化中分辨出以林西锅撑子山遗址为代表和以赤峰红山后为代表的两种类型："分布地区如此辽阔的原始文化遗存，除去'细石器'这个共同特征之外，其文化面貌是有很多差别的，对上述各地区的文化特征作全面分析，从'细石器文化'的范畴中划分出各个考古文化，这是今后研究'细石器文化'的一个重要课题。""昭盟细石器文化可以分为两种类型，第一类型以林西锅撑子山为代表；第二类型以赤峰红山下层为代表，（其）彩陶的制法、质地和一部分器形与花纹同仰韶文化的彩陶近似，说明这两个文化有一定的联系。"[16]

把红山文化作为广义的北方细石器文化的一种类型来对待，有利于将注意力集中到对每一种文化类型的研究甚至对具体遗存的解剖，是北方细石器文化研究中的一个进步。尹达也于1963年提出有关细石器文化深入研究的具体设想："只有进一步寻找某一时期、某一地方的典型遗址进行发掘，较全面、较系统地了解一定地方一定时期的文化遗存的基本面貌，进而探索其中的细石器的具体特征，才算把问题落实了。"[17]

由于逐步有了这些在实践中总结出来的具体指导思想，所以此后有关这类文化的发现和研究的进展明显加快。突出表现为在赤峰地区所谓的细石器文化中，连续发掘到一批具有原生地层的红山文化遗址。

1963年，刘观民、徐光冀对赤峰市北郊蜘蛛山遗址的发掘，在第一探方发现有红山文化地层之上依次叠压的早期青铜时代夏家店下层文化、西周到春秋战国之际的夏家店上层文化和战国燕、秦文化的地层关系，其中压在最下面的红山文化层，厚0.3～1.5米。这是第一次明确发现的红山文化原生地层与其他考古文化在地层上的时代早晚关系[18]。

同年，刘晋祥在蜘蛛山遗址以北的西水泉遗址发掘了一处比较单纯的红山文化遗址。在这处遗址里，首次发掘到红山文化的三座房址，房内出土的遗物还提供了红山文化器物在具体单元内的共生关系[19]。

1973年，李恭笃等在赤峰市以东的敖汉旗小河沿乡发现了一组红山文化遗址，其中的三道湾子遗址发现有红山文化窖穴，四棱山遗址更发现了六座红山文化陶窑[20]，为红山文化增添了新内容。

与此有关的是，从细石器文化中区分出来的另一种细石器文化类型也找到了原生地层关系。这就是1962年徐光冀在西拉木伦河北的乌尔吉木伦河流域巴林左旗富河沟门遗址发掘到三十七座房址和一批更富有细石器文化特征的陶器和石器，并由此而提出了富河文化的定名[21]。由于富河文化与红山文化在西拉木伦河两岸有交错分布的情况，这就使红山文化在细石器文化中找到了一个可供具体比较的伙伴和对象[22]。

以上发现，不仅使红山文化的材料趋向全面，更得到原生地层、房址、窖穴、窑址等遗迹和单元器物群方面的确切共生关系，有可能在可靠的层位学基础上对红山文化的分期、特征、划分地方类型以及社会形态等方面进行研究，从而形成70 年代前后对红山文化的基本认识。

（三） 文化内涵的初步认识

在东山嘴、牛河梁遗址发现之前，对红山文化的认识同其他史前考古文化一样，主要是从石器、陶器和房址等生产与生活遗迹方面入手的。

红山文化拥有发达的石器群。在红山文化遗址中，石器普遍发现较多，数量甚至超过陶器，特征十分突出，是红山文化内涵中的一个十分显著的文化因素（图五）。磨制石器、打制石器和细石器三者在红山文化中都较为发达，而尤以打制石器所占比例最大，磨制石器次之，细石器相对较少。红山文化石器的又一个特点是大型石器多见。其种类有横断面呈椭圆形、体窄长、窄刃的石斧，打制有肩的扁宽型石锄，粗砂岩或细砂岩质的长方体石磨盘，横断面呈半圆形的石磨棒。在大型石器中，石耜是红山文化最具代表性的石器，可分两型：一型为长叶型，长度可达 50～65 厘米，最宽处 30～40 厘米，磨制，一端从两侧打出柄部，刃部尖，刃面有条状磨痕；另一型较宽而

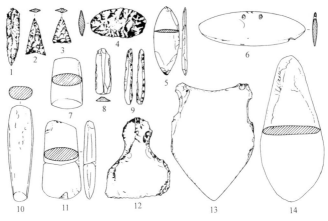

图五　红山文化遗址出土石器

1. 锥　2.3. 镞　4. 刮削器　5. 叶形器　6. 刀　7.11. 斧　8.9. 石刃　10. 凿
12. 有肩锄　13.14. 耜（1～4、7～10. 西水泉　5.11.14. 红山后　6.12. 海金山
13. 五十家子）

短，最宽可达50厘米，顶端往往有凹缺，以系绳固定，制作
方法为打、磨并重。此外，通体精磨、穿双孔、体甚薄的桂叶
形石刀，通体打制、四边出刃的长方形石铲，也都很具特色。
从这些石器的制作和使用可以看出，红山人虽然已熟练地掌握
了石器的磨制技术，但打制技术并不因此而衰退，而是更加运
用自如。通体打制的石器，其器体不仅具有磨制石器器形规整
的优点，而且修打出的刃部锋利适用，柄部更易捆绑，又为磨
制石器所不及，以致出现不少先磨好体形再打修刃部或四边的
石器，以取得锋利适用、造型规整的效果。细石器以凹底等腰
三角形镞最具特色，通体加工，形体规整。用作骨梗刀嵌石刃
的细长石片也较为规整。与其他大石器相比较，红山文化的细
石器选用石料和制作是最为讲究的。

　　红山文化石器的发达及其多样性，反映农牧渔猎并重的经

济生活。

红山文化以大型石器为主体的石器群中，与农业有关的工具以大型砍伐器和石耜等起土工具为主，缺少农田细作的铲类工具，可能反映当时大面积垦荒和耕作广而粗放的生产状况。薄刃锋利的打制石器和细石器多与切割皮肉有关。石镞的主要功能之一是狩猎。红山文化遗址中发现有牛、羊、猪等家畜骨骼以及野生的鹿、獐等动物骨骼。这些都说明当时狩猎、畜牧在经济活动中占有很大比重。遗址分布区正处于草原森林向平原过渡的中间地带，遗址所处位置往往较高且文化堆积薄，也充分反映了这种综合经济类型所具有的定居又相对不稳定的生活规律[23]。

红山文化的陶器主要为夹砂灰陶和泥质红陶两大类，也有少量泥质黑陶和泥质灰陶。夹砂灰陶的特点是器型多为形制较简单的筒形罐，纹饰主要为压印"之"字纹和平行斜线纹，筒形罐口大底小，腹壁斜直，较查海—兴隆洼文化的筒形罐体变矮，口变大，底变小，"之"字纹的纹线细长而间隔宽，组成的纹带也较宽，连线式"之"字纹和篦点式"之"字纹共用，直线与弧线、波浪线共用，横压竖带与竖压横带相间。器型除了筒形罐，还有一种形制甚为特殊、形制变化也较多的斜口筒形器。其用途依据经常出在灶址旁而认为与保存火种有关。夹砂灰陶的器盖，略呈半圆形，带环形把手。上述这种形制单一的夹砂灰陶类在红山文化时期已不只限于形制简单的筒形罐类，而是从器型到纹饰都有了较为复杂和进步的内容。

泥质红陶有粗泥质和细泥质两种，器型可分钵碗盆类和瓮罐类。钵有敛口式和折肩式，碗有"红顶碗"和直口式碗。钵碗都有一些为浅腹近圜底，其时代可能较早。盆有敛口叠唇

式、折肩式和鼓腹式。瓮罐类多双耳小口瓮和敛口鼓肩大瓮两
类。以上诸器多素面，或磨光。值得特别提到的是，有将常见
于夹砂陶筒形罐上的压印"之"字形纹施于泥质红陶上的实
例。所见为施篦点"之"字纹的泥质红陶瓮罐类，但其施纹较
夹砂陶上的纹饰更为细密规则。

　　彩陶在泥质红陶中占有一定数量，多为钵盆类，也见有彩
陶小口罐和瓮。其色彩以黑彩为主，也有红、紫色彩。图案以
龙鳞纹、勾连花卉纹和几何形的棋盘格纹、菱形方格纹、三角
纹最具代表性。常见的彩绘还有平行线或平行斜线纹和一种由
粗而细的"蝌蚪纹"以及同心圆纹等，绘法多较严谨，笔道工
整，常组成整齐的带状，都是较进步的彩陶图案形式。

　　泥质黑陶器发现较少，却代表着一种新的制陶工艺的出
现。多为钵类和小型罐类，陶胎细腻，内外磨光，器壁厚薄均

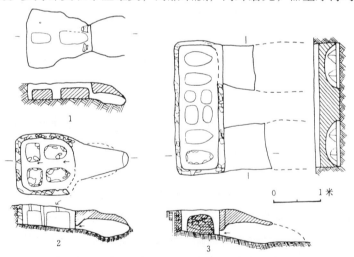

图六　敖汉旗四棱山遗址陶窑
1.2.单室窑　3.双火塘连室窑

匀，器型规整，惟火候欠高。

在内蒙古敖汉旗四棱山遗址发现的红山文化陶窑共有六座，分单室窑和连室窑两类（图六）。它们都保存较好，窑室、火塘、火道俱全。其中单室窑又可分为长方形单室窑和马蹄形单室窑两种形制。马蹄形陶窑的火塘为由下而上的斜坡式，窑室和窑柱以石块砌筑，窑柱前后两排，排列有序，窑室中央有十字形火道。这种结构既有利于分火，使火焰畅通，又便于器物更直接地与火接触，表现出较为进步的形制。双连窑室平面近方形，双火塘，也为由下而上的斜坡式，火塘与窑室之间有隔梁，窑柱八个，对称排列，窑壁与窑柱都为土石结构，为一种结构较复杂、性能更为进步的陶窑形制。这六座陶窑分布在约300平方米的范围内，以烧制夹砂陶罐为主，表现出红山文化的制陶业已具有较细的专业分工[24]。

红山文化的陶器比较典型地反映着该文化在形成和发展过程中既继承当地文化的传统又接受周围文化先进因素的过程。如红山文化陶器中饰压印"之"字纹的夹砂灰陶筒形罐，很明显是从查海—兴隆洼文化的筒形陶罐直接发展演变而来的，具有东北地区新石器文化的区域特点，而泥质红陶和彩陶器则是接受了黄河流域后冈一期文化和仰韶文化的影响。其中出现较早的红顶碗是辽西地区新石器文化接受后冈一期文化的因素。因为红顶碗早在距今八千年左右分布于华北平原北部的镇江营一期文化中就已相当发达，并影响到燕山南麓相当于查海—兴隆洼文化晚期的上宅文化。到红山文化时期这种来自燕山南麓的文化影响已不只一个来源，而是有多条渠道。除了红顶碗等因素在红山文化早期继续出现，表现出后冈一期文化的影响以外，主要是仰韶文化庙底沟类型对红山文化的影响。而且，在红山文化的众多彩陶花纹中，既有黄河流域仰韶文化庙底沟类型的玫瑰花卉纹的简化形式，又有红山文化接受黄河流域先进的彩陶因素影响之后采用仰韶文化彩陶的构图技法，创造出自身的彩陶图案，即龙鳞纹图案。至于方格形和三角形的几何形彩绘花纹，则可能是来自西部甚至中亚或西亚新石器时代彩陶的影响。饰篦点"之"字纹的泥质红陶罐也是这种文化融合的典型实例。这些反映了红山文化在东北原有文化的基础上，广泛接受来自四面八方的先进文化因素而发展着自身。刘振华曾对红山文化的陶器花纹作过系统分析。他将红山文化的彩陶花纹分为象生性纹样和几何形纹样两大类，象生性纹样又分为原生（包括鱼纹、幼鱼纹、鳞纹、涡纹）和次生（茎蔓纹、卷须纹、叶纹）两类，并以此为基础对红山文化的更早遗存、渔猎经济在早期占据突出地位的现象以及红山文化与后冈类型和当地小河沿文化的关系作了有益的探索[25]。

（四）聚落群与房址

由于原始自然环境的改变，特别是近代沙漠化的不断扩大而引起的地表侵蚀和土壤成分的退化，红山文化遗址多被沙丘覆盖或风化剥蚀。但80年代开展的全面文物普查，在局部地区如内蒙古敖汉旗仍然取得了对红山文化遗址分布规律意外的成果[26]。

关于红山文化遗址的分布密度的估计。据邵国田报道的敖汉旗普查材料，该旗共发现单纯红山文化遗址四百四十七处，含红山文化遗存的其他遗址五十五处。如果将被沙漠覆盖和老哈河沿岸冲掉的计算在内，这五百零二处红山文化遗址大约占到全部遗址的 70%，平均每 16 平方公里一处。这大约就是老哈河中上游红山文化分布集中区内红山文化遗址分布的密集程度。

依山川分布的遗址组合。敖汉旗境内调查的五百零二处红山文化遗址，以丘陵之间的河流为纽带呈组群分布。河与河之间的分水岭很少见到红山文化遗址，形成了大小不等的条状空白隔离带。这样就可按全旗六条较大的河流将红山文化遗址分出六个组群，即大凌河支流组、牤牛河组、教来河组、孟克河组、蚌河组和老哈河组。每组又可依其群体组合情况分出近百群聚落。每群的遗址点数量，一般在三至五个，较多的可达二十余个。

群间分布依地势形成的差别。如孟克河流域是在河流两岸台地形成的遗址群，可分为十余个群体。牤牛河上源为群山间有多条河谷的地形，已发现的六十九处遗址点，可分为十一个群体。它们有的处于同一河川，有的则群体间被山分隔。较重要的如刘家屯群共有十一处遗址点，都坐落于河北岸高台地上，东西一字排开，长约 7 公里。与刘家屯群处于同一河川的西台群，共有十二个遗址点，也都北依高山，南傍河水。这两群的遗址点所在台地是群山向南伸出的山腿台地。在这两群以北的风水山群则有所不同。这群遗址共九个遗址点。它们所处地形平坦，遗址面积也相对较大，最大一处超过 10 万平方米。每处遗址拥有的房址多在四十座左右，大遗址超过一百座。

遗址的等级分化。值得注意的是，每群中依遗址规模大小都可分出不同等级。小遗址一般在 4000～5000 平方米，大遗址达 3～10 万平方米，更大的达 2～3 平方公里，最大的一座遗址竟可达到 6 平方公里。遗址的面积有从南到北渐次增大的趋势。大小遗址间不仅规模悬殊，而且有小遗址围绕大遗址分布的现象。这些都说明红山文化诸聚落群内，中心聚落和一般聚落的分化已较为普遍。以孟克河为例，该河流域已可分出的十余个遗址群中，位于最下游的份子地遗址群共有六处遗址。它们分布在孟克河下游南岸东西长 10 余公里、南北宽 4 公里的平缓台地上，面积达 6 平方公里的大遗址就是这个遗址群中处于中心位置的遗址，其余五个较小的遗址分布在周围，面积在 3 万平方米左右。中心大遗址又以 10 米左右宽的空白带相隔而分为几个小区。一些大遗址都设有壕沟，如西台遗址群中的西台遗址就设有两个壕沟。这些遗址虽然尚未发掘，但从采集到的特殊遗物已可看出大小遗址之间的悬殊差别。例如，在风水山遗址群中，面积超过 10 万平方米的大遗址中采集到钭口筒形玉器，在份子地大遗址更出有大型玉钺，千斤营子遗址也出有玉斧，附近还有陶窑区、积石冢和玉器作坊分布。

另外，在英金河流域也调查到红山文化遗址的分布状况。这些遗址都位于高出河床 10~40 米的山坡和山岗上。在英金河两岸长达 150 公里范围内发现的十八处红山文化遗址，多在南坡和东坡，文化堆积薄，一般仅厚 0.5 米左右，最厚可达 2 米。这与红山文化经济的多样性和定居不够稳定有关[27]。

关于红山文化聚落址的具体情况。目前已在赤峰市郊西水泉、敖汉旗兴隆洼与西台、巴林左旗杨家营子与二道梁发现红山文化房址，但这些红山文化房址都是在对遗址作局部发掘时发现的，尚缺乏房址群整体布局的完整材料。对红山文化聚落整体情况只有敖汉旗西台遗址有过概略的介绍。这是一座未经发掘的较为完整的红山文化聚落址[28]。据杨虎报道，这个遗

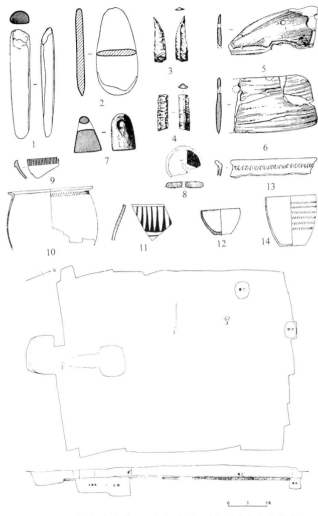

图七　西水泉遗址第 17 号房址平、剖面图及出土器物

1. 石凿　2. 石铲　3. 石锥　4. 长条形石片　5. 6. 蚌刀　7. 骨饰　8. 陶纺轮
9. 陶盆　10. 13. 夹砂罐　11. 敛口罐　12. 14. 大口罐（除 3 为居住面出土外，余
皆房址内堆积出土）

址目前最重要的发现是聚落环壕，共两条，分别围成近邻的两个部分。东南部的壕沟周长 600.25 米，为不规则的长方形，西北和东南边较长，另两边较短，东南边留有出入聚落的通道口。壕沟上宽下窄，现在开口一般宽 2 米左右，开口至底现存最深 2.25 米。西北部的一条壕沟从三面围成，西北边长，西南、东北两边较短，东南边即上述壕沟西北边的一段，其所包围的范围较小，亦呈不规则长方形。围沟内分布有房址和灰坑等。

关于红山文化的房址。西台遗址的房址为长方形半地穴式，长 4～7 米，宽 3～5 米，出有陶塑小型妇女像和铸铜陶范等重要文物，可知该遗址规格较高，但也未见有更详细的报道。因此，红山文化房址的情况还是以经正式发掘的赤峰市西水泉遗址为例[29]。西水泉遗址的房址为方形半地穴式，顺山坡挖建，居住面经捶打，居住面中部有瓢形灶址。房址一般每边长 4 米。最大一间为第 17 号房址，其北、南壁长约 9 米，东、西壁长 11.7 米。房址的中部偏南一侧有灶址，并在南向设一斜坡状火道。房址四壁都有向外突出部分，其中南壁中部向外突出部分较大，长宽各为 1.9 米，且呈南高北低的斜坡状，由地面向下至房址居住面，似为门道。房址北壁突出部位有一椭圆形烧坑，坑内堆满白色灰烬。房内出有较多生产工具（蚌刀、陶纺轮和细石器石锥、石刃）和生活用具（陶盆、夹砂罐、大口罐、敛口罐）。这处房址可能反映了独立性社会单元的存在（图七）。

巴林左旗二道梁遗址发现房址达十五座，也只有简略报道，可知其结构与西水泉相近，门开在南壁一角[30]。

与相邻的内蒙古东南部相比，辽宁西部发现红山文化居住址较少。较为重要的是建平县三家乡五十家子敖包山遗址。该遗址位于老哈河东岸高台地上，文化堆积较厚。未经正式发掘，调查采集到石耜、细石器和彩陶器等。这是距牛河梁遗址较近的一处红山文化居住遗址[31]。

（五）分布、年代与分期

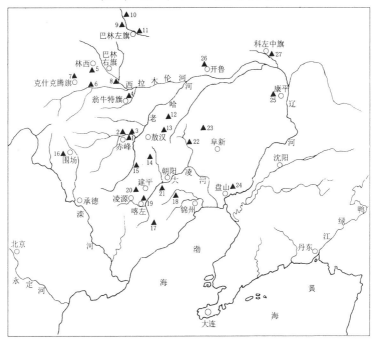

图八　红山文化重要遗址分布图

1.红山后　2.蜘蛛山　3.西水泉　4.赛沁塔拉　5.锅撑子山　6.白音长汉　7.南台子　8.那斯台　9.尖山子　10.葛家营子　11.二道梁　12.份子地　13.下洼　14.四家子草帽山　15.五十家子　16.下伙房　17.新营子　18.沙锅屯　19.东山嘴　20.牛河梁　21.十二台营子　22.胡头沟　23.福兴地　24.盘山县郊　25.康平县郊　26.坤都岭　27.新艾力

红山文化以辽宁省西部和内蒙古东南部为主要分布区域。其具体范围是东越医巫闾山，但未过下辽河，在内蒙古哲里木盟科尔沁左翼中旗新艾力和辽宁北部的康平县境内发现的红山文化遗存是该文化最东的发现地点[32]；南界东段沿六股河等到达渤海沿岸，不过那一带分布的红山文化甚为稀疏，彩陶减少，面貌似有所变化；南界西段越燕山山脉到达华北平原北部，在内蒙古东部乌兰察布盟的商都县发现了红山文化与内蒙古中南部的新石器文化的接触，在张家口地区的桑干河上游发现了红山文化与仰韶文化相遇的现象，这里可视为红山文化分布的西界[33]；惟向北分布甚广，不仅越过西拉木伦河，而且沿乌尔吉木伦河、新开河等向北分布，有继续向蒙古草原深入的趋势，很值得注意[34]。从分布密度和文化面貌的典型程度看，以老哈河中上游到大凌河中上游之间最为集中。这"两河流域"应是红山文化分布的中心区（图八）。

红山文化的年代与分期。由于对红山文化居住遗址缺少大面积发掘，所发掘的遗址大都文化堆积较薄，单元组合陶器出土少而零散，墓葬随葬陶器少，更缺少成组陶器随葬，所以对红山文化的分期尚在探索过程中。

最初曾将红山文化分为同中原地区仰韶文化相对应的两大期。早期接近后冈类型，晚期接近庙底沟类型。以后随着工作的进展，分期研究逐渐趋向细化。

杨虎以考古新发现为线索，将红山文化分为属于不同发展阶段的三种类型[35]。他将兴隆洼遗址属于红山文化的第133号灰坑的一组陶器定为第一期。这组陶器中的夹砂筒形罐，大口、斜腹、小底，通高近于口径，形体的高宽度介于兴隆洼文化与红山文化的筒形罐之间，钵碗则有底部近于圜形或凹底的。以老哈河流域西水泉遗址等为第二期，器类增加，形制多样，"之"字纹活泼自如或规整严谨，有发达的彩陶。大凌河东山嘴、牛河梁遗址等为第三期，出现黑、灰陶和一批新器类、新纹饰。

　　张星德从单元陶器组合的类型学分析中将红山文化分为三

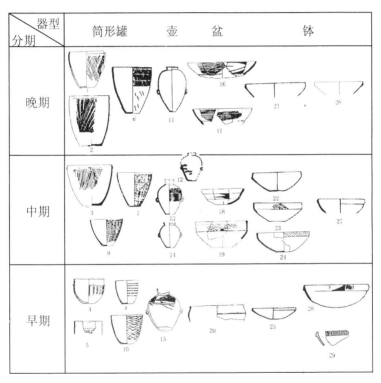

分期＼器型	筒形罐	壶	盆	钵
晚期				
中期				
早期				

图九　红山文化陶器分期图（依张星德）

1.四棱山 T4:1　2.红山后 Fig43:13　3.红山后 Fig43:7　4.西水泉 H18:13　5.蜘蛛山 T1③:73　6.牛河梁 H1:1　7.西水泉 F13:7　8.西水泉 F17:4　9.西水泉 63采:26　10.西水泉 H18:20　11.牛河梁 H3:1　12.三道湾子 H1:16　13.那斯台图四.1　14.那斯台图四.5　15.西水泉 H2:21　16.红山后 Fig41.38

17. 东山嘴 TE9②：7　18. 红山后 Fig40.37　19. 红山后 Fig40.32　20. 西水泉 H10：21　21. 红山后 Fig40.24　22. 红山后 Fig40.27 · 23. 红山后 Fig40.26　24. 三道湾子 H1：4　25. 海金山图十六 .4　26. 红山后 Fig40. 20　27. 红山后 Fig39.14　28. 红山后 Fig39.18　29. 西水泉 F17：19

期，认为老哈河流域西水泉一类可分为早、中两期，大凌河流域的东山嘴、牛河梁遗址则包括了中、晚期。这是目前较有说服力的一种分期法[36]（图九）。

按照张星德的分期，早期的典型器物有体形较矮、口径与底径相差较小，腹壁弧直的筒形罐，彩陶使用红、黑两种颜色，但每一件陶器上只使用一种颜色，图案以鳞纹、平行竖线纹、平行线组成的三角纹为主。钵、壶形制近于后冈一期文化。中期的代表性器物为体较高、大口、小底、腹壁斜直的筒形罐，彩陶仅有黑彩，多为涡纹、菱形纹、平行斜线与弧边三角纹组成的图案，近于仰韶文化庙底沟类型。晚期的筒形罐为大口、小底、深腹，纹饰仅施于上腹部，彩陶均使用黑彩，图案以双钩纹、平行线间平行四边形纹、重叠的三角形纹、宽带纹为主，接近于庙底沟类型，有的彩陶图案近于内蒙古的海生不浪文化。

张忠培、朱延平将红山文化分为前后两段，每段又分为早晚两期。前段的早晚期相当于半坡类型的早晚期前后，后段的早晚期则相当于庙底沟类型的早晚期前后，将西水泉一类都划分为后段早期[37]。

苏秉琦则将红山文化分期与地方类型的划分相结合，将老哈河流域和大凌河流域的红山文化分作南北两个不同的类型，将它们各自划分为对应的早晚两期，即红山文化的前期和后期，提出以赤峰地区的"西红山"和朝阳地区的"东红山"，它们各自可分为相互对应的前后两大期[38]。可以在苏秉琦划分地方类型与分期结合的基础上，在各自的前后期中作更详细的划分。如赤峰地区的前期又可分出早晚期，后期如也分早晚期则只有早期。朝阳地区的前期不明确，后期则可明确分出早晚两期。

以上分期法虽具体结论并不相同，但大体顺序一致。一般采用分两大期的办法，即分为与仰韶文化大体对应的两大期。早期相当于后冈一期文化，可包括兴隆洼遗址第 133 号灰坑和西水泉遗址的早段；晚期与庙底沟类型有关，包括西水泉遗址的晚段和东山嘴、牛河梁遗址。碳 14 测定属于红山文化晚期的几个数据均在距今五千五百年至五千年间[39]。相互对照，红山文化的早期超过距今六千年，晚期不超过距今五千年，主要部分的年代跨度在距今六千至五千年之间。

（六）文化性质的讨论

60 年代前后关于红山文化讨论较多的仍然是对红山文化性质的分析，围绕着对该文化所含南北文化成分而有不同理解。前述在红山文化发现和定名之初，对红山文化的性质就有几种看法：有认为该文化是细石器文化和仰韶文化相互影响之后所产生的新的文化遗存，有认为是细石器文化和仰韶文化接触后所产生的一种典型的混合文化遗存，或认为属于细石器文化但吸收了较多彩陶文化影响。以上都是从红山文化所具有的南北两种文化因素的特点为主得出的观点。60 年代前后的看法则多强调中原地区仰韶文化的作用和成分。如有认为红山文化是仰韶文化系统的原始文化[40]，也有以为是仰韶文化的地方性变体，认为红山文化是继承了河北的磁山文化发展起来的。这方面观点的代表为安志敏。他以为："辽宁一带的弧线纹及弧线篦点纹，可能与中原有渊源关系，结合红山文化的彩陶因素，更可说明这个问题。""辽宁、内蒙古和河北交界地带的红山文化，同仰韶文化具有接近的性质，像彩陶和红顶碗基本一致，此外尚有弧线篦纹陶和细石器等因素，表明它是与仰韶文化接壤的一个地域性变体。"[41]磁山遗址发掘报告编写者也认为："磁山遗址与红山文化的关系十分密切，从陶器的器形、纹饰和石器等方面，两者极为相似。如筒形陶盂、圜底钵、最大腹径偏下的深腹罐、侈口罐，陶器底部有压印纹，常见的弧线篦点纹以及舌状石铲等都很接近。这充分说明，位于我国东北的红山文化在许多方面继承了中原地区的磁山文化。"[42]

从 70 年代以来，以当地古文化自身发展为主来研究红山文化性质的观点渐多起来。这些观点认为红山文化是当地自行发展的一种新石器时代文化，在它的发展过程中受到其他文化的影响[43]。随着当地新石器时代文化序列的建立，特别是辽西和内蒙古东南部地区查海、兴隆洼等先红山文化和小河沿、大南沟等后红山文化的发现和确认，这种看法已逐渐得到广泛承认。随着红山文化分期的进展，已找到该文化早期与当地新石器时代中期文化之间的承袭关系。至于红山文化与黄河流域新石器文化的关系，也随着后冈一期文化的确立及其在华北平原北部的发现而被明确，可以证明红山文化最早是东北地区新石器文化吸收来自燕山南麓后冈一期文化的某些因素如红顶碗等而形成的，以后随着仰韶文化庙底沟类型的北上，红山文化更多地吸收了庙底沟类型的彩陶等先进文化因素，并融合到自身文化中去，从而形成了具有南北两种文化特征的一种新文化。对此，有学者对红山文化接受黄河流域史前文化在前后期的不同程度作过分析："在前一阶段，后冈一期文化的因素传播到红山文化中，其原来的风格基本未发生大的变化，说明那时的红山文化对黄河流域的文化因素往往只是照搬，但在后一时期，红山文化显示出空前的创造性，对庙底沟文化传来的因素更多是改造和融合，将后者最活跃的成分变为适合自身发展的积极因素，因此，红山文化早期的彩陶中，经常可见与庙底沟文化有关的花纹，但绝非庙底沟式彩陶的再现，而是表现为与红山文化固有纹饰融合后的一种新的彩陶面貌。"[44]可见，由于采取了以认识自身文化发展为主、不同阶段区别对待的研究方法，对红山文化性质的认识已取得较快进展。

注　释

［1］鸟居龙藏《蒙古旅行》，1911 年；《东蒙的原始居民》（法文），1914 年。

［2］E. Licent, Les collections nealithiques du Musee Hoangho Paiha de Tientsin, Pudlication du Musee Hoangho Paiho de Tientsin, No. 14, 1932.

［3］安特生《奉天锦西沙锅屯洞穴层》，《中国古生物志》丁种第一号第一册，地质调查所，1923 年。

［4］安志敏《沙锅屯洞穴层位之研究》，《中国新石器时代论集》，文物出版社 1982 年版。

［5］陈星灿《安特生与中国史前考古学的早期研究——为纪念仰韶文化发现七十周年而作》，《华夏考古》1991 年第 4 期。

［6］梁思永《热河查不干庙等处所采集之新石器时代石器与陶片》（1935 年），《梁思永考古论文集》，科学出版社 1959 年版。

［7］（日）八幡一郎《热河省北部ノ先史遗迹及遗物》，《第一次满蒙学术调查研究团报告》第六部第三编，1940 年。

［8］（日）滨田耕作、水野清一《赤峰红山后——热河省赤峰红山后先史遗迹

一》，《东方考古学丛刊》甲种第六册，东亚考古学会，1938 年。

[9] （日）八幡一郎《热河省南部的先史时代遗迹及遗物》，《第一次满蒙学术调查团研究报告》，1936 年。

[10] 梁思永《山西西阴村史前遗址的新石器时代的陶器》（1930 年）；梁思永《热河查不干庙等处所采集之新石器时代石器与陶片》（1935 年），《梁思永考古论文集》，科学出版社 1959 年版。

[11] 裴文中《中国史前时期之研究》，商务印书馆 1948 年版。

[12] 安志敏《中国新石器时代概说》，《中国原始社会史文集》，历史教学社 1964 年版；《略论三十年来我国的新石器时代考古》，《考古》1979 年第 5 期。

[13] 尹达《关于赤峰红山后的新石器时代遗址》，《中国新石器时代》，生活·读书·新知三联书店 1955 年版。

[14] 吕遵谔《内蒙赤峰红山考古调查报告》，《考古学报》1958 年第 3 期。

[15] 内蒙古自治区文化局文物工作组《昭乌达盟巴林左旗细石器文化遗址》，《考古学报》1959 年第 2 期。

[16] 中国科学院考古研究所编著《新中国的考古收获》，文物出版社 1961 年版。

[17] 尹达《新石器时代考古工作的回顾与展望》，《考古》1963 年第 11 期。

[18] 中国社会科学院考古研究所内蒙古工作队《赤峰蜘蛛山遗址的发掘》，《考古学报》1979 年第 2 期。

[19] 中国社会科学院考古研究所内蒙古工作队《赤峰西水泉红山文化遗址》，《考古学报》1982 年第 2 期。

[20] 辽宁省博物馆、昭乌达盟文物工作站、敖汉旗文化馆《辽宁敖汉旗小河沿三种原始文化的发掘》，《文物》1977 年第 12 期。

[21] 中国科学院考古研究所内蒙古队《内蒙古巴林左旗富河沟门遗址发掘简报》，《考古》1964 年第 1 期。

[22] 刘观民、徐光冀《辽河流域新石器文化的发现与研究》，《中国考古学会第一次年会论文集》，文物出版社 1979 年版。

[23] 郭大顺、马沙《以辽河流域为中心的新石器文化诸问题》，《考古学报》1985 年第 1 期；又敖汉旗兴隆沟第二地点红山文化遗址规范化取样测定结果，以采集狩猎为主，农业为辅，参见赵志军《从兴隆沟遗址浮选结果看赤峰地区古代农耕生产的特点和发展》，《红山文化国际学术研讨会》论文，2004 年 7 月于内蒙古赤峰市。

[24] 同 [20]。

[25] 刘振华《红山文化陶器的彩纹和之字纹》，《中国考古学会第六次年会论文

集》，文物出版社 1990 年版。

[26] 邵国田《概述敖汉旗的红山文化遗址分布》，《中国北方古代文化国际学术研讨会论文集》，文史出版社 1995 年版。

[27] 徐光冀《红山文化的发现》，中国社会科学院考古研究所编著《新中国的考古收获》，文物出版社 1981 年版。

[28] 《敖汉旗西台新石器时代和青铜时代遗址》，《中国考古学年鉴·1988》，文物出版社 1989 年版。

[29] 同 [19]。

[30] 内蒙古文物考古研究所《巴林左旗友好村二道梁红山文化遗址发掘简报》，内蒙古文物考古研究所李逸友、魏坚主编《内蒙古文物考古论集》第一辑，中国大百科全书出版社 1994 年版。

[31] 李宇峰《辽宁建平县红山文化考古调查》，《考古与文物》1984 年第 2 期。

[32] 齐永贺《内蒙古哲盟科左中旗新艾力的新石器时代遗址》，《考古》1965 年第 5 期；孟庆忠《康平县的三处新石器时代彩陶文化遗存》，《辽宁文物》1980 年总 1 期；张少青《康平县新石器时代遗址调查》，《辽海文物学刊》1988 年第 2 期。

[33] 内蒙古文物考古研究所、乌兰察布博物馆、商都县文物管理所《商都县章毛勿素遗址》，内蒙古文物考古研究所魏坚主编《内蒙古文物考古论集》第二辑，中国大百科全书出版社 1997 年版。

[34] 朱凤翰《吉林奈曼旗大沁他拉新石器时代遗址调查》，《考古》1979 年第 3 期；辽宁省博物馆文物工作队《内蒙古翁牛特旗两处新石器时代遗址》，《内蒙古文物考古》1984 年第 3 期。

[35] 杨虎《红山文化的若干问题》，《庆祝苏秉琦考古五十五年论文集》，文物出版社 1989 年版。

[36] 张星德《试论红山文化的分期》，《考古》1991 年第 8 期。

[37] 苏秉琦主编《中国通史》第二卷“远古时代”358、388 页，上海人民出版社 1994 年版。

[38] 苏秉琦《华人·龙的传人·中国人——考古寻根记》，辽宁大学出版社 1994 年版。

[39] 碳 14 测定数据：东山嘴遗址为 4895 ± 70 年（树轮校正为 5485 ± 100，B.C.3640—3382）；牛河梁牛 2Z1 积石冢为 4995 ± 110 年（树轮校正为 5600 ± 135，B.C.3779—3517）。分别见《文物》1984 年第 4 期，《考古》1986 年

第 7 期。

[40] 同［20］。

[41] 安志敏《中国的新石器时代》，《考古》1981 年第 3 期；安志敏《裴李岗、磁山和仰韶——试论中原新石器文化的渊源与发展》，《考古》1979 年第 4 期。

[42] 河北省文物管理处、邯郸市文物保管所《河北武安磁山遗址》，《考古学报》1981 年第 3 期。

[43] 中国社会科学院考古研究所编著《新中国的考古发现与研究》，文物出版社 1985 年版。

[44] 苏秉琦主编《中国通史》第二卷"远古时代"392 页，上海人民出版社 1994 年版。

二　课题指导下的考古新发现

进入 80 年代，红山文化异军突起，研究过程进入一个全新阶段。其主要标志是由于辽西红山文化"坛庙冢"和玉器群的发现而提出了中华五千年文明起源的新课题。如果说，对红山文化从一支边远地区的史前文化到中华文明象征之一的认识经过了半个多世纪的漫长历程，那么从东山嘴、牛河梁的发现到提出中华五千年文明起源却是在短短几年时间里实现的，其主要原因在于这一时期辽西的考古工作得到考古学文化区系类型理论的直接指导，是理论指导实践的结果。这一点可以从牛河梁遗址发现以前在辽西考古中发生的四件大事体现出来。这四件大事是红山文化玉器的考定、文物普查的成果、东山嘴遗址的发掘、燕山南北地区考古座谈会的召开。

（一）红山文化玉器的考定

红山文化玉器在 20 世纪初已见著录[1]，并为海内外一些大博物馆收藏[2]。据不完全统计，红山文化玉器旧藏于海内外博物馆和私人手中、过去已公布过的在国外有多例。例如，美国华盛顿弗勒尔博物馆收藏的勾云形玉（佩）、哈佛大学福格博物馆收藏的饰龙鳞纹斜口筒形玉（箍）、法国吉美美术馆和英国大英博物馆收藏的玉雕龙。国内主要有辽宁省博物馆、天津市历史艺术馆和上海博物馆等建馆较早的博物馆的收藏品和辽宁省文物店、赤峰市文物店近年的收购品。另外，私人收藏的有傅祖谟家藏的一批。其余多零星收集品，都没有明确出土地点。由于这批玉器在造型和工艺上都有相当进步性，且近于商周玉，时代一般定在商周时期或更晚，但也已注意到其所表现出的原始特征[3]。

从 70 年代后期开始，随着有关地区文物考古机构和人员的加强，注意从玉器收集地寻求玉器的出土地点已具备条件，并迅速取得进展。最初接触的几批主要为辽宁省文物收购部门和赤峰、朝阳、阜新市县的文物部门六七十年代的收购品和收集品。它们之中有勾云形玉器、斜口筒形玉器、兽形玉、勾形玉，甚至还有玉虎、玉戈形饰等，大多数都是近年出土品，都可追寻到出土地区，只是说不清具体出土地点。值得注意的是，它们均来自内蒙古自治区赤峰市、哲里木盟，辽宁西部的阜新、朝阳地区和河北省承德地区，而别处不见。这就把考定这批玉器的出土地集中到辽宁西部及其相邻的内蒙古东南部和河北省西北部地区。

这几批玉器资料中最重要的线索有两条：一是赛沁塔拉的大玉龙，一是胡头沟墓葬收集的玉龟、玉鸟等。因为它们不仅玉器的特征明显，具有代表性，而且有明确的出土地点，是追寻这批玉器的时代和文化所属的主要目标。

赛沁塔拉（原名三星他位）大玉龙。这件玉龙体细长而内卷，长吻前伸，有脊饰上卷。除头部外，通体光素无纹，体穿单孔。卷曲的身体与商代玉龙有近似处，但制作技法与具体形象均与商代玉龙有很大不同。赛沁塔拉村位于赤峰市以北百余公里、翁牛特旗所在地乌丹镇西北约 10 公里处。村北有群山，山南为一片开阔地。玉龙的出土地点在山的南坡上，在玉龙出土范围内只散布有红山文化的泥质红陶片和饰压印箆点"之"字纹陶片。从出土地点到山顶一带，还分布有饰压印"之"纹夹砂灰褐陶片、泥质红陶钵片、绘黑彩的彩陶片、石耜、石磨盘和石磨棒等，而不见其他时代的遗存[4]。

　　胡头沟玉器。这批玉器包括龟、鸟、勾云形玉器、玉棒、三联璧、玉珠等（图一〇）。玉器个体虽较赛沁塔拉大玉龙小得多，但种类多，从而更具代表性。它们也大都可以在商代玉器中找到相同种类，但具体形状和制作方法很不相同。这批玉器的出土地点是一个古墓地，位于阜新县最西部与北票县交界处。这里属大凌河支流牤牛河流域，墓地紧贴河的东岸，是一块黄土高岗，已被河水冲刷近半，墓葬就是被河水冲出来的。

图一〇　胡头沟积石冢平、剖面图及
　　　　第1号墓出土玉器

1. 璧　2. 环　3. 勾云形佩　4. 竹节状珠

5.6. 龟与鳖　7. 鹰　8.9. 鸮　10. 棒形器

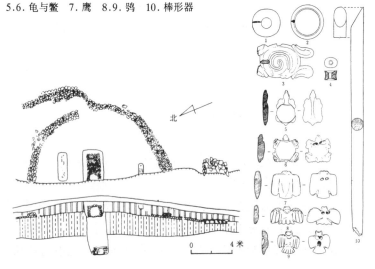

从断崖看，有属于两个层位的墓：上层是土坑墓，出辽宁式曲刃青铜短剑，属春秋中晚期；下层为一座土坑石棺墓（编号M1），玉器就出在下层石棺墓中，但因为玉器是从当地群众手中收集来的，还需找到进一步证据。于是在岗顶作了清理性发掘，又发掘到一座石棺墓（编号M3），其内分为五个石砌棺室，其中M3-4随葬了一件三联玉璧，M3-3和M3-4各随葬一件绿松石质的鱼形耳坠。引人注意的是，这几座石棺墓里都未见有陶器随葬的任何迹象。陶器出在围绕墓葬的一圈石墙处，为排列整齐的筒形陶器，泥质红陶，绘黑彩，具有明显的红山文化特征。这种陶器的最大特点是没有底部，此前不久在喀左县瓦房的一处红山文化遗址就曾见过这种陶器的底部。这些形制、出土位置都很特殊的陶器与石棺墓是什么关系？由于这座墓地并不单纯，主要是石棺墓上还出有春秋时期曲刃短剑文化的墓葬，所以仍存疑问[5]。

不久，又有两次进一步了解这类玉器具体出土情况的机会。这就是1979年喀左县东山嘴遗址和凌源县三官甸子墓葬出土的玉器。东山嘴为一处单纯的红山文化遗址。该遗址出土的小件玉器中有两件特征明显，一为双龙首玉璜，一为绿松石质鸟形饰。前者体形虽甚小，璜首的龙头却与赛沁塔拉大玉龙的首部形象接近；后者的造型与胡头沟的鸟相近，而以黑皮衬地的片状绿松石的质料与胡头沟的绿松石质鱼形耳坠一致。由此可见，东山嘴遗址所出玉器与胡头沟墓地所出玉器显然属于同一时代和同一文化[6]。

三官甸子玉器出在一座大型石棺墓和近旁小墓中。大墓所出共九件，计有勾云形玉器、斜口筒形玉器、简化型玉鸟各一件，其余都为玉璧和玉珠（图一一），附近墓中还出有玉棒和

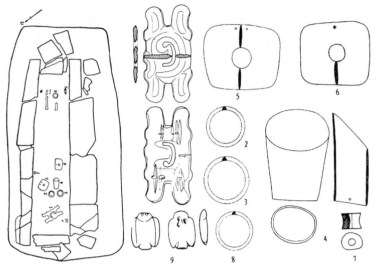

图一一　三官甸子城子山遗址（牛河梁遗址第
十六地点）第2号墓及出土玉器

1.勾云形玉器　2.3.8.环　4.斜口筒形玉器　5.6.璧　7.竹节状珠　9.鸟
兽首三孔器。三官甸子这几座墓葬与胡头沟玉器墓的情况有相
同处，即墓内也未见有陶器随葬，陶器包括大型彩陶器也都出
在墓葬以外。但三官甸子有更为复杂的情况，这就是包括这处
墓地在内的遗址全部为一座夏家店下层文化石城址所占据，出
玉器的石棺墓上混有大量夏家店下层文化陶片。面对如此进步
的玉器和复杂的地层关系，要作出准确的年代判断还需经历艰
难的比较研究过程[7]。

　　但无论如何，东山嘴和三官甸子都是正式进行的考古发
掘，它们将玉器的出土与红山文化的关系进一步拉近了。从这
几批玉器出土地点都在红山文化分布区内，到有具体出土地点
的玉器多次与红山文化遗存伴出，这一连串的发现引起孙守道
与笔者的进一步思考：那就是把这批造型、制作工艺都较为进

步而又长期被推断为商周时期或更晚的玉器与红山文化发生联想，提出了这批玉器可能就是属于红山文化的想法。科学是允许预见的。为此，我们又从类型学和工艺学对这批玉器作了多方面比较：

一是造型。勾云形玉器、斜口筒形玉器、兽形玉以及二联璧、三联璧等为这批玉器的主要造型，均不见于商周玉。龙、虎、龟、鱼、鸟等虽与商周玉为共同题材，然而具体形象、技法和风格均有差异。对各种动物形象特殊的艺术概括，讲求神似和准确的对称感，是这批玉器造型最为突出的特点。

二是工艺表现手法。这批玉器多通体光素无纹，龟、鸟所雕线纹都是用以象征形体各部位的，无商周玉那种额外装饰纹样。穿孔法多用两端对穿长孔，或只在背面横穿成"牛鼻式"洞孔，这都是新石器时代通行的穿孔法，商周玉的管钻法几乎不见。兽形玉呈环形，有的仅切开一缺口，基本上与新石器时代石环全同。多数玉饰的边缘磨成似刃的锐角。在玉面上细加研磨表现出的浅凹槽纹路，或隐或现，富于变化，尤其具有特殊的装饰美。这种玉器工艺的独特表现手法，也罕见于商周玉。

据此，我们认为，这批玉器当属于红山文化。此结论一出，立刻引出了一个更为重大而又十分敏感的问题。那就是如何看待红山文化所处的社会发展阶段问题。因为这批玉器虽造型极为抽象，却在燕山南北长城地带广阔的区域内表现出十分规范化的特点，由此反映出的观念和制度约束的严格，已具"礼"的雏形，特别是已有后世象征帝王权力和有关思想意识观念的龙的形象出现。这就促使我们将这批玉器确定为红山文化后，首先联想到的是当地文明起源的问题，初步形成了"辽河流域原始文明"的观点，并于 1981 年 12 月在杭州市召开的中国考古学会第三次年会上以《论辽河流域的原始文明与龙的起源》为题公布了我们的研究成果。一时间，引起了考古界对红山文化的格外关注[8]。

（二）辽西文物普查的新成果

考定红山文化玉器的 70 年代末到 80 年代初，正是辽宁全省开展文物大普查时期。从考古关系上进一步确定这批玉器与红山文化的关系，自然成为有关地区文物普查的重点项目。此前，红山文化遗址大都是在与辽宁西部朝阳和阜新两市相邻的内蒙古赤峰地区发现的，也不过几十处，而在辽西地区，红山文化遗址发现甚少，掌握的确切材料不超过五处[9]。这次普查，共在凌源、喀左、建昌、建平、朝阳、阜新、彰武、康平等地发现红山文化遗址上百处，内蒙古赤峰地区仅在敖汉旗一个旗就发现了五百零二处[10]。东山嘴、三官甸子、牛河梁遗址都是在这次普查中发现的。东山嘴遗址和三官甸子遗址都出土了玉器，牛河梁遗址更是在寻找玉器出土地点时确定的。值得注意的是，在朝阳地区发现的这批红山文化遗址大都同胡头沟、瓦房的性质相近，处于高岗之上，多石块和筒形陶器散布，居住址的迹象薄弱，明确的居住遗址发现很少。大批红山文化遗址的发现，为最终确定这批玉器与红山文化的考古关系提供了十分有利的条件，更是进一步揭示红山文化面貌的新契机。于是，在这次普查的后期对新发现的东山嘴遗址进行了正式发掘。

（三）东山嘴遗址的发掘和
红山文化的新内容

　　对东山嘴遗址的发掘是在辽宁省境内对红山文化遗址进行的第一次正式发掘，收获却出人意料[11]。

　　此遗址位于南大凌河西岸东山嘴村北的一个山梁上。山梁为长弧形，环抱着东山嘴村的东、西、北三面。山梁的正中为

图一二　东山嘴遗址

一缓平突出的台地，遗址就占据了台地向南伸展的前端部分。遗址南北长约 60 米，东西宽约 40 米，海拔高度 353 米，高出河床 50 余米。四周为开阔的平川地带，一望无际。遗址的东南方向隔宽阔的大凌河川，正对一座名叫马架子山的大山和山口。遗址选择的地形独特而壮观（图一二）。

遗址内最先引起注意的是石砌建筑遗迹布满了整个遗址，且表现出一定的分布规律。石砌建筑遗迹中心部位的北部为一大型的方形基址，东西长 11.8 米，南北宽 9.5 米。基址四边砌石墙，石墙是由经过加工的石灰岩石块垒砌起来的，未使用任何黏合剂。石块向外的一侧加工整齐，从而使石墙的外壁保持平齐。基址内散有数组堆石，其中南半部分为一组密排立置的长条石组成的石堆，石堆范围近圆形，直径约 2.5 米。与方形基址相对的是中心部位南部的石圆圈，共两组，都是只用一层石头砌出的圆圈式坛址。其中靠南的一组坛址直接坐落在山头的基岩部位，时代应较早，为三个相连的圆形基址，两个轮廓较清楚，略呈椭圆形，直径在 3 米左右，均为单层石块砌成，边缘以大块河卵石砌出两圈，石圈内铺较大石块，形成坛面。其北约 4 米为一座较晚形成的圆形坛址。这是一座独立的圆形坛，它与北部方形基址南北相对，相距约 15 米，说明它们可能是同时代的。这座圆形坛址直径 2.5 米，石圆圈内铺一层大小相近的小河卵石，边缘砌以一层薄石片，是一座更为明确的祭坛。石砌遗迹中心部位的两翼还有用条石砌筑的石墙，南北走向，内距方形基址的东西墙各 6 米，约为等距，说明这群石砌建筑还有外框界，总的范围较大。

遗址内遍布红山文化陶片，除了泥质红陶钵、盆、饰压印"之"字纹夹砂灰褐陶罐等常见的红山文化陶器，大量的彩陶筒形器群多位于砌石边缘，其无底部等形制特征和出土位置与胡头沟墓地的彩陶筒形器的形制和出土情况基本一致，还出有绘内外彩的折腹盖盆、黑陶圈足盘、多层组成的镂孔瓶形器等特异形陶器（图一三）。遗址偶见有小件玉器，器形除了环、璜，最重要的就是上面提到的一件双龙首玉璜和一件绿松石质鸟形饰。这两件玉石饰件虽体形甚小，却极显特征。双龙首玉璜的两端由一面刻出对称龙首，长吻前伸，上唇翘起，口微张，菱形目眶，身饰瓦沟纹，璜的背面穿牛鼻孔。此件玉器雕工精，形制规整，是人们第一次见到的正式出土的红山文化玉器。另一件绿松石质鸟形饰，形象作展翅飞翔状，有正背面之

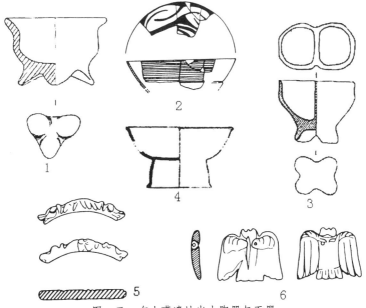

图一三　东山嘴遗址出土陶器与玉器

1.三足小杯　2.彩陶盖盆（TD10②:3）　3.双腹杯（TD7②:5）　4.黑陶圈足盘（TE7②:3）　5.双龙首璜（TE6②gl:1）　6.绿松石鸟形饰（TC6②:1）

分，正面为绿松石质，反面为一种黑色石皮，正面在磨光的平面上刻出鸟的羽翅、五官，背面也钻一牛鼻状孔。这两个饰件无论造型、雕工都具相当的进步性，使人一时难以相信这是史前时代的遗物，更难以相信它们是出自远离中原地区的长城以北的红山文化遗址内。更为意外的是，遗址内还出土了陶塑人像，且不只一种，共有大小残块二十余件，都为泥质红陶，多为人体的肢体部位，未见头部。较为重要的有两件小型孕妇塑像和一尊大型人物坐像的残件。它们都为裸体，写实性很强，形象逼真。两件小型孕妇裸体倚坐像，一残高 5 厘米，一残高 5.8 厘米，都为头和右臂缺失的残躯，共同特点是腹部隆起，臀部肥大，左臂弯曲贴于上腹部，各有表现阴部的记号，其中一为三角窝形，一为放射状刻线，都是典型的"妇女小雕像"。大型人物坐像相当于真人大小的三分之一，上、下身各一块，

图一四　东山嘴遗址女神坐像残块（TD10②:9）

在同一层位一起出土，大小比例相若，当为同一个个体。上身残块成片状，正面为胸腹部分，塑出手臂，以右手握左手的手腕部，交叉于腹部中间（图一四）。下身残块有空内腔，左膝部有一圆孔通入体腔内，整体姿态为盘膝正坐式，右腿搭在左腿上，下身的底部平整，并满饰席纹。这两块陶塑人像残件，从陶质到饰纹都具有红山文化时期特点。

东山嘴遗址经碳 14 测定的年代数据，为 5485±110 年（经树轮校正），约相当于红山文化晚期[12]。

以上东山嘴遗址所发现的材料，除了一般新石器时代遗址习见的石器、陶器等，主要是发现了砌石建筑群、玉器、泥塑人像等遗迹和遗物。这些都是中国诸史前考古文化中前所未见的崭新内容。就是陶器，也大都是特异型的非实用器，暗示出这处遗址的特殊性。初步认为，这是红山文化一处具有祭祀功能的遗址。最感意外的是，小型孕妇塑像曾被作为判断母系氏族社会的直接证据，但东山嘴遗址却出现了大量与原始氏族社会不相容的现象，如包括祭坛在内的砌石建筑，以南北轴线布局、南圆北方、左右对称的新的建筑形式。这远不同于所知史前居住址的那种向心式或成行排列的情况，而是已明显具有中国古代建筑的传统布局，而后者是等级思想观念的反映。遗址又面对开阔河川和大山山口，很有气势。玉雕龙和鸟也都已高度神化，早已脱离了原始社会那种朴素而粗简的形式，反映的是一种新的艺术思维和思想观念。联系到东山嘴遗址所处的距今五千年前后已是一个社会大变动的时代，所以，人们从中捕捉到的信息与确定红山文化玉器时一样，是进入文明时代的因素。

（四）"燕山南北地区考古"新课题的提出

对红山文化认识出现转折的时期，正是考古界提出考古学文化区系类型理论前后。红山文化分布区所在的燕山南北长城地带被列为六大考古文化区之首，于是红山文化玉器和东山嘴遗址等新发现迅速引起考古界关注。1983 年 7 月，在东山嘴遗址现场和朝阳市召开了由苏秉琦倡议并主持的"燕山南北长城地带考古座谈会"。与会学者在考察了东山嘴遗址和出土文物以后一致认为，这是我国发现的时代最早的一处与宗教祭祀有关的遗址，陶塑妇女像更是"考古界等了三十多年的重大发现"（俞伟超语），祭祀的对象或是祭祀地母，祈求生育和丰收，或祭祀山川，主体建筑有方有圆，可能反映了当时人们对天、地的原始认识等。这种远离住地的大规模祭祀场所，应不是一个氏族和部落所能拥有，而可能是更大范围的社会组织如部落联盟共用的公共活动场所，并提出这一发现在史前考古研究中开拓宗教考古领域的重要性，如从祭祀的角度分析当时的社会形态和寻找有关祭祀遗存等[13]。

苏秉琦在会上高度评价了以燕山南北长城地带为中心的北方地区在我国文明缔造史上的地位和作用。他认为："我国统一多民族国家的形成的一连串问题似乎最集中地反映在这里，不仅秦以前如此，就是以后，从'五胡乱华'到辽、金、元、明、清，许多重头戏都是在这个舞台上演出的。"他把国内发现最早的这处与宗教祭祀有关的遗址与燕山南北地区在中华文明缔造史上的特殊重要地位联系起来，指出："喀左东山嘴遗址发现的现象是一个重要线索。中国之大，可以划分为许多块块，但别的地方还没有发现过这样一处遗迹，它的时间可以早到五千年前。所以，东山嘴的发现是难能可贵的。这些遗迹摆在那儿，不认识它就发现不了它，不是任何人看到它就能一眼看出它的重要性的。""本身自成系统。红山文化毕竟是一个大的概念，朝阳地区的红山文化，或者说，在喀左东山嘴看到的红山文化，它的来龙去脉，不一定就是一般意义的红山，而更可能属于曾在东山嘴附近地区活动的那一个群体所特有的。"会后，他提出在凌源、建平、喀左三县交界地区开展调查和发掘的工作思路[14]。

　　果然，会后不久，在北距东山嘴直线距离仅 30 公里的牛河梁，积石冢、玉雕龙等玉器和更为重要的女神庙就接二连三地发现了。苏秉琦的思想迅速升华。他在给东山嘴座谈会的补充发言中，不仅把东山嘴与牛河梁相联系，还把辽西新发现的这一批红山文化祭祀遗迹与两千年后这一带所出商周窖藏青铜器群联系起来。他说：牛河梁遗址的发现"这使我们加深了去年的印象，丰富了我们对当年在这一带几百平方公里内存在的大建筑群的社会历史意义的认识"。"值得注意的一个现象是：在它们之间的广阔地带没有发现过和它们属于同一时期的古遗址和墓群，却连续发现过相当殷周之际的青铜器群窖藏达六处之多。我们有理由推测，这里还有可能发现与窖藏同一时期的、具有特殊意义的建筑物或建筑群遗迹。这里的'坛'（东山嘴）、'庙'（牛河梁）、'冢'（积石冢）和窖藏坑，我们是否可以理解为四组有机联系着的建筑群体和活动遗迹？远在距今五千年到三千年间，生活在大凌河上游广大地域的人们，是否曾经利用它们举行重大的仪式，即类似古人传说的'郊'、'燎'、'禘'等祭祀活动？这是值得深入研究的"[15]。

东山嘴遗址的发现和由此提出的史前祭祀问题，也引起海外学者的关注。这里要提到日本学者池田末利对东山嘴遗址的介绍和研究。他在一篇《中国史前祭祀遗址初探——以喀左东山嘴为中心》的文章中，在介绍以上有关东山嘴遗址的学术动态时已注意到东山嘴遗址作为祭祀性遗址与当地大凌河流域商周窖藏青铜器的关系，同时也提出东山嘴遗址以石砌建筑为主的祭祀址与东部沿海其他以石块为主的祭祀遗迹，如山东省长岛县砣矶岛大口遗址和江苏省铜山县丘湾遗址的关系[16]。

由此可见，在 20 世纪 80 年代再次提出中国文明起源这一课题，不是偶然的，也不只是一项重大发现所能引起的，而是在理论指导下学科发展的必然结果。于是，由东山嘴、牛河梁红山文化考古新发现引起的中国文明起源的讨论，在正确理论指导下，迅速但扎实而有序地开展起来。

注　释

[1] 黄濬《古玉图录初集》1939 年；王梅生《1980 年前欧美所藏红山玉器》，1993 年 8 月在赤峰举办的《中国北方古代文化国际学术研讨会》论文，文中所列发表较早的一件玉雕龙见于 Early Chinese Jades Fig.2 by Una Pope - hennessy, Ernest Benn, Limited 8 Bouverie Street, e.c.4, London 1923；一件斜口筒形玉（箍）见于 Stanley Charles Nott, Chinese Jade Throughout the Ages, 1936, PI XV, Lower. Ref：Also published in Oid Chinese Porcelain and Works of Art in China London 1911。

[2] 邓淑苹《谈谈红山系玉器》，（台）《故宫文物月刊》189 号（第十六卷第九期），1998 年。

[3] 同 [2]；又见尤仁德《商代玉雕龙纹的造型与纹饰研究》，《文物》1981 年第 8 期。

[4] 翁牛特旗文化馆《翁牛特旗三星他拉发现红山文化玉龙》，《文物》1984 年第 6 期。

［5］方殿春、刘葆华《阜新县胡头沟红山文化玉器墓》，《文物》1984 年第 6 期；孙守道、郭大顺《论辽河流域的原始文明与龙的起源》，《文物》1984 年第 6 期。

［6］郭大顺、张克举《辽宁省喀左县东山嘴红山文化建筑群址发掘简报》，《文物》1984 年第 11 期。

［7］李恭笃《辽宁凌源三官甸子城子山遗址试掘报告》，《考古》1986 年第 6 期。

［8］孙守道、郭大顺《辽河流域的原始文明与龙的起源》，《文物》1984 年第 6 期。

［9］（日）八幡一郎、高桂华译《朝阳附近之新石器时代遗址》，《禹贡》7 卷第 5 期，1937 年；佟柱臣《凌源牛河梁彩陶遗迹》，《建国教育》1943 年。

［10］邵国田《概述敖汉旗的红山文化遗址分布》，《中国北方古代文化国际学术研讨会论文集》，文史出版社 1995 年版。

［11］同［6］。

［12］北京大学考古系碳 14 实验室《碳 14 年代测定报告（六）》，《文物》1984 年第 4 期。

［13］俞伟超、严文明等《座谈东山嘴遗址》，《文物》1984 年第 11 期。

［14］苏秉琦《燕山南北地区考古——1983 年 7 月在辽宁朝阳召开的燕山南北长城地带考古座谈会上的讲话》，《文物》1983 年第 12 期。

［15］苏秉琦《我的几点补充意见》，《座谈东山嘴遗址》，《文物》1984 年第 12 期。

［16］（日）池田末利著、姚义田译《中国史前祭祀遗址初探——以喀左东山嘴为中心》，《辽海文物学刊》1988 年第 2 期（原载《东方学会创立四十周年纪念东方学论集》1987 年 6 月）；中国社会科学院考古研究所山东队《山东省长岛县砣矶岛大口遗址》，《考古》1985 年第 12 期。

三 牛河梁『坛庙冢』遗址群

　　牛河梁遗址位于辽宁省西部丘陵山区的朝阳市建平和凌源两县交界处，遗址中心的地理坐标为东经 119°25′～119°33′45″，北纬 41°16′～41°22′30″。此遗址坐落在辽西名山努鲁儿虎山山谷间的山梁，因有大凌河支流名牛儿河而得名。山梁不是小范围的一两个山头，而是漫延达 10 余公里，也不只一道山梁，而是大致顺东北至西南走向的多道山梁。梁上冈峦起伏，黄土也较为厚实。诸多遗址点就坐落在这多道山梁的诸多冈峦之巅。这一带还是历代的交通要道，北京至沈阳的铁路和公路都在牛河梁地区通过。近几十年以来，这一区域一直有考古工作者的足迹。40 年代，佟柱臣曾在这里采集到彩陶并作过报道[1]，60 年代这里发现过汉代墩台，1979 年文物普查时发掘的三官甸子玉器墓也在牛河梁遗址群的范围之内[2]，但每次到这一带作考古调查都是匆匆而过，直到 80 年代初才得以长期驻足。那是 1981 年 4 月，辽宁省的文物普查在建平县境内进行。笔者参加了这次普查。刚到县城，就得知牛河梁一带经常有玉器出土，立刻赶到现场进行调查，当时确认为一处单纯的红山文化遗址，并试掘到出玉器的石棺墓一座，牛河梁遗址遂正式被发现。1983 年，由孙守道和笔者率队在玉器出土地点进行正式发掘，确定墓葬为积石冢性质，编号第二地点，又在周围山梁上发现了女神庙遗址和其他遗迹。次年，辽宁省文物考古研究所在遗址旁建立了考古工作站，共发现二十多个地点，已编号十六个地点，占地面积在 50 平方公里上下，从而开始了长期的考古发掘、研究、保护和筹建史前遗址公园的工作。目前，已发掘了第二、三、五、十六地点的积石冢、祭坛和第十三地点的巨型建筑址，试掘了第一地点的女神庙，并对遗址群的整体布局有了初步认识。

（一）积石冢与祭坛

红山文化的发现已有近一个世纪的历史，经调查和发掘的遗址超过五百处，但已知都为居住址，墓葬却一直没有明确发现。红山文化的墓葬是否也同其他史前文化一样，是土坑竖穴墓，还是另有新制？在辽宁西部和内蒙古东南部红山文化分布区多年从事田野考古工作的学者们苦苦追寻多年仍无所获，直到牛河梁遗址点被一个个揭开才恍然大悟，原来红山文化墓葬主要是以石材为主筑墓的积石冢形制。

积石冢，顾名思义就是墓上积石，以前只在辽东半岛发现过，其时间为新石器时代晚期到青铜时代。例如，大连市属于新石器时代晚期的老铁山积石冢和四平山积石冢，属于青铜时代早期的于家坨头墓地，属于青铜时代晚期的岗上墓地等，其具体时间在距今四千年到二千五百年前后。红山文化的积石冢，碳14测定年代为距今五千年前，时代比辽东半岛的积石冢早一千多年，但规模更大，形制更规整，结构及其所反映的社会关系也更为复杂而多样。由于其成组成群出现，从而也更有规律可寻。随葬品惟有玉器，堪称中国史前墓葬一绝。

1. 积石冢及其特征

牛河梁地区目前有编号的十六个地点中，有十三处都以积石冢为主体。

红山文化积石冢的位置专门选择在高度适中的冈丘顶部，一般一冈一冢（如牛河梁第三地点、第十六地点、胡头沟），也有一冈双冢（如牛河梁第五地点）、一冈多冢（如牛河梁第二地点）的情况。其营造过程大致是先平整山头并垫土，然后确定冢的四周圹界，圹内筑墓，较大的墓下挖较深的墓圹，圹底砌筑石棺。在墓葬达到一定规模后，特别是主要墓葬安置后，在墓群顶部先封土，再积石，并以加工的石块砌筑规整的冢界，冢界有由外向内层层起台阶的趋势，有如"金字塔"，冢上顺石台阶成排立置陶筒形器，初步形成冢的规模。此后还有在周边和冢上续筑墓葬的现象。积石冢所用石材主要为呈白色的硅质石灰岩。现选取牛河梁已发掘并较典型的第二地点、第三地点、第五地点和第十六地点的积石冢分述如下：

（1）第二地点[3]。此地点位于牛河梁遗址区的中心部位，是牛河梁多道山梁中处于中部的第二道山梁，海拔高度为627米。该冢群坐北朝南，在东西长150米、南北宽80米的范围内共布置了六个单元，可以确定性质的有五个单元。其具体布局是由西向东一线铺开为四冢一坛，分别编为第一至第五单元。其中第二单元（冢二）与第三单元（坛）位于山梁正中，也是这一组建筑的中心位置。其西部为第一单元（冢一），其东部为第四单元（冢四）和第五单元（冢五）。坛后为第六单元。

第一单元为积石冢，是目前在牛河梁诸积石冢中发现墓葬最多的一个冢，牛河梁出土的玉器也主要出在这座积石冢内。该冢位于第二地点的最西端，有长方形冢界，为正南北方向。冢界的东与北两边保存较好。西边冢界已不存，但可根据冢内大墓的对称布局规律求出西界的具体位置。南边冢界则有拆有砌，反映出该冢的变迁。北界存长 26.8 米，可以看出最外侧的石墙为两道，外墙以内还有两道石墙，共为四道，外侧的两道石墙只砌一层，内侧的两道石墙有砌两层的。紧贴内层石墙置成排彩陶筒形器。东界外侧石墙存长 20 米，石墙有由北向南垒砌石块的层数逐渐增加，墙的高度也逐渐增高的趋势。究其原因，是因为地面山坡由北向南有由上而下的一定倾斜度，为保持石墙上口的平齐而为。东部石墙内侧则有保存了高近半米的一段石墙，进一步证明冢界原为由外向内逐层迭起的台阶式。

冢内墓葬已发掘二十七座。其布局为东西中轴线上对称排列两座大墓，中轴线以南可看出有四排墓葬（从北至南为一至四排）。值得注意的是，中轴线以北未发现墓葬。

冢内中部的两座大墓都有土圹，墓口近方形，长宽各在 4 米左右，墓深约 2 米，墓穴的大部分凿入到风化基岩层内。这两座大墓在结构上最为引人注意的是墓壁起台阶，但不是从四面或两面墓壁都作台阶，而是只在南部一侧的墓壁作出三层台阶，东、西、北壁则陡直。紧贴北壁下筑石棺，石棺甚为宽大，用十多层石板垒砌，十分整齐。两墓内各葬一人。死者头均向西，仰身直肢。随葬玉器分别为五件和六件。

中轴线以南的四排石棺墓，共二十五座，东西排列，每排内各墓棺室头尾紧相连接，第四排以南还有零散的墓葬分布，似有继续向南延伸的趋势。这二十五座墓中较为典型的如下：

第 1 号墓。此墓为 1981 年文物普查时试掘的。其位置在第一排西侧。头向东，头顶一侧置一大玉环。此环为圆形，钻单孔，内侧有明显旋切痕迹，可以证明是用大口径的管钻而成

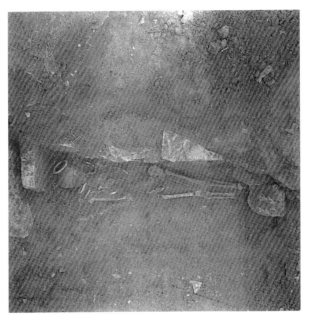

图一五 牛河梁遗址第二地点一号冢第1号墓

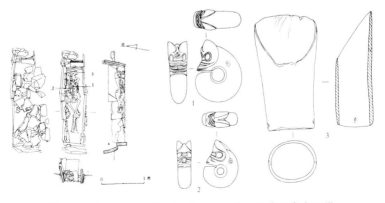

图一六 牛河梁遗址第二地点一号冢第4号墓及出土玉器

1.2.龙 3.斜口筒形玉器

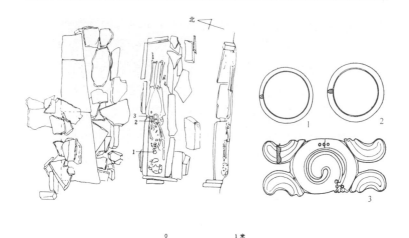

图一七　牛河梁遗址第二地点一号冢第14号墓及出土玉器
1.2. 环　3.勾云形玉器

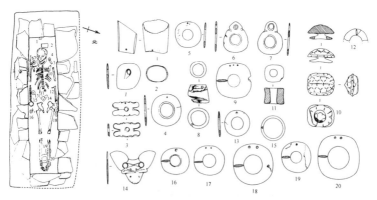

图一八　牛河梁遗址第二地点一号冢第21号墓出土玉器

1.菱形饰　2.斜口筒形玉器　3.勾云形玉器　4.5.9.12.13.16～20.璧　6.7.
双联璧　8.管状器　10.龟壳　11.竹节状珠　14.兽面形牌饰　15.镯

的。其出土位置在头顶一侧，是否以环作为头饰或作束发用，还有待考证。这是经发掘的第一座红山文化墓葬（图一五）。

第 4 号墓。此墓位置在第三排，是较完整的一座石棺。石棺为石板结构，较大，墓口长 1.98 米，宽 0.4~0.5 米，墓顶以石块封堆，下搭有石盖板，棺壁为石板立置，墓底不铺石板。头向东，仰身直肢。随葬三件玉器，头下枕一斜口筒形玉器，斜口朝下，胸部置二件玉雕龙，两相背对。墓盖东端出大块彩陶筒形器残块。此墓是 1983 年正式发掘开始后发现的第一座随葬成组红山文化玉器的墓葬，其中玉雕龙与斜口筒形玉器的组合将红山文化玉器，特别是玉雕龙的时代"一锤定音"（图一六）。

第 14 号墓。此墓位置在第三排，石棺结构，葬式与第 4 号墓相同，惟头向西。其胸部竖置一勾云形玉器，双手腕各套一玉镯。这是勾云形玉器正式发掘出土的又一例，也是这种玉器出土位置较明确的一例（图一七）。

第 21 号墓。此墓为这四排墓葬中规模最大、随葬玉器最多的一座墓[4]。其位置在第 4 号墓南，紧贴第 4 号墓南墙的下部，有较深的土圹，存深 1.12 米，穴底筑石棺，四壁为平铺的石灰岩石板，共砌五至六层，无顶盖和底板。石棺口长 2.1 米，头宽 0.48 米，尾较窄。内葬一人，头向西。随葬玉器二十件，计有斜口筒形玉器、兽面玉牌饰、勾云形玉（佩）、玉龟壳、琮式玉珠和管形器各一件，还有双联玉璧二件，其余都为玉璧。其中斜口筒形玉器位在头上方，玉龟壳在胸部右侧，琮式玉珠在腹部，兽面玉牌饰置于腹部中央，右手腕套一玉镯，玉璧除见于上臂部的左右两侧外，也见于下腿部，是压在腿骨以下的（图一八）。

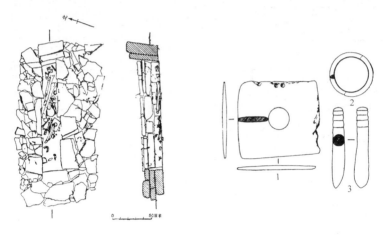

图一九　牛河梁遗址第二地点一号冢第11号墓及出土玉器

1. 方璧　2. 环　3. 蚕形器

在这四排墓中还见有一部分二次葬，有单人二次葬和多人二次葬。例如，第11号墓为单人二次葬，位于第一排，石块迭砌，墓室较小，长仅1.31米，宽更只有0.18～0.25米。此墓虽甚为窄小，却随葬有成组玉器，有钺形玉璧、玉蚕形器和玉环各一件（图一九）。不过，大部分单人二次葬无任何随葬品。多人二次葬有第7号墓，位于第三排，为石块和较厚的石板砌筑的墓，平面呈凸字形，内葬三人，均为二次葬，三堆人骨各置一角，有规律地成束东西顺放，并在人骨上各置有玉璧和玉镯一至二件（图二〇）。此外，在第二排墓中还有一座只见一个人头骨和手趾骨的墓。此墓石棺为甚小的匣式，以石板立砌而成，是为仅埋葬一人头而特建的，但却有较精致的玉器随葬。由此可知，在积石冢内埋葬占地是十分紧凑的，也说明在红山文化的埋葬习俗中，二次葬和人头骨葬并非是等级低或

图二○ 牛河梁遗址第二地点一号冢第7号墓及出土玉器

其他惩罚性的埋葬形式。

　　需要提到的是，一号冢内中轴线上两座大墓与南部诸较小型墓葬之间的关系。这四排墓并非与两座大墓同时埋葬后一起成冢的，而是随后续建的。此冢在埋葬两座大墓后就已成冢，后又在此冢南侧续建其他墓葬。为此，将原冢已建好的南墙大部分拆除。续建的这四排墓不少是利用了原南墙的墙体作墓壁，或利用从墙体拆除的石块砌墓壁。续建告一段落时，在原冢的外面再加一冢界，将原冢与续建墓都包括进去，所以这座冢的外冢界为两道。最外一道应是南部四排墓建完后补砌的外冢界。由此可知，红山文化积石冢的一个发展演变规律，即积石冢的某些单体有原建和续建之别。这就既说明每一个单体积石冢有早晚不同阶段之分，而且说明续建的墓显然与原冢大墓有十分密切的关系，包括血缘关系在内。

　　第二单元也为积石冢，位于一号冢以东仅 2 米处（图二一）。冢界近于正方形，为正南北方向。该冢的第一层石台阶即冢界，在北、东、西三面都有保存。东、西台阶保存较为完整，分别长 18.7 米和 15.8 米。北侧台阶虽只保存了东北角的一段，但根据东、西墙的走向，也可求出其总长度应为 17.5 米。冢外界砌石的作法和层数变化与第一号冢相同，在坡度较高的北侧，砌石只有一层，东西两侧则由北至南渐渐将层数加高，以保持冢界上口的平齐，到东、西侧边的最南端已有四层砌石，高度已达 0.89 米。仔细观察冢界，还可以清楚地看出砌石之间采用了三七压缝法，并不加任何黏合剂。由于所用石材较大，俨然是一道白色巨石砌成的石墙。它们经历五千年风雨侵蚀，墙外壁仍甚为整齐。当然，此冢最引人注目的是在冢的正中部位坐落着一座大墓，较小型的石棺墓也与第一单元一

图二一　牛河梁遗址第二地点二号冢及中心大墓（第 1 号墓）

样，是置于冢的南侧的。大墓有土圹，深不过 1 米，内筑大型石棺，长 2.21 米，宽 0.85 米，墓壁为石板平铺。石棺以上并砌出三层石台阶，台阶不是两边砌筑，更不是如第一号冢那种只一边筑台阶，而是从四壁都筑起三层台阶。由于墓的土圹不深，第三层石台阶已高出墓口和地面，高出地面的砌石部分作出一方台，方台每边长 3.6 米，高出墓口 0.65 米。这样就使此墓的规模更显巨大。可惜墓内早期被严重扰动，未见完整人骨和任何随葬品，石棺内原铺底板也被掀去，只在扰土中发现一段人骨、少量泥质红陶片和猪、牛骨。从石棺东宽西窄的形状和墓口土圹与方台交接的东端处有露出部分判断，此墓的头部应向东。大墓南侧发现的石棺墓葬共三座，其中一座有土圹，墓壁一侧起两层台阶，石棺也较大，虽只随葬一件玉镯，但仍规格较高。其他两座均为无随葬品的一般规模的石棺墓。

此冢上部封土较厚，封土之上的中间部分未见有积石，积石包砌于封土四周，与冢界相接。这种情况与第一号冢那种在墓上封土再积石至冢顶的做法不完全相同。推测此冢上部的做法有两种可能：一是封土积石至冢顶部，该墓早期被盗时将顶部积石搬出；一是冢顶原就无积石，而是封土至顶，四周积石。考虑到冢顶并无任何积石痕迹残留，前一种推测的可能性不大，特别是以后在牛河梁地区又确实发现在大建筑址上有四周封石中部封土至顶的做法，可知该冢后一种可能性较大，即为土石结构。

二号冢结构有特殊性，尤其是位于中心部位的大墓与南侧较小墓葬间从所处位置到规模都有巨大反差，可知这座积石冢内设有中心墓，有中心墓和附属墓之别。如再将二号冢与第二地点的其他积石冢作一比较，从诸冢群的位置看，二号冢正好位于山冈顶部的正中部位。也是诸冢群的中心部位，在第二地点诸冢之中，二号冢显然具有主冢的规格。而二号冢中拥有石椁式方台和四边起台阶的中心大墓，也为其他积石冢所不见，其规格是整个第二地点所有墓葬中最高的。二号冢应就是整个第二号地点的主墓。

第三单元为祭坛（图二二），在第二号冢以东 2 米处。坛体为正圆形，由石块砌出三重圆的石桩界，直径分别为 22 米、15.6 米和 11 米，形成三层台基。每层台基由外向内，以 0.3～0.5 米的高差，层层高起。坛的内层顶面铺石，较为平缓，从而形成一个完整的圆形坛体。值得特别提到的是，该坛所用石桩不是积石冢习用的白色硅质石灰岩，而是一种淡红色的安山岩石块，石块为自然形成的五棱柱状体。它们的砌筑也不是如积石冢那样的叠罗平砌，而是并排立置的石桩。石桩的规格

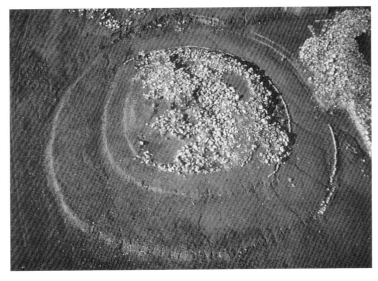

图二二 牛河梁遗址第二地点祭坛

也以外圈最大，高在35～40厘米之间，长宽各约15厘米；中圈石桩次之，一般高为30厘米，长宽各约12厘米；内圈石桩最小，高为25厘米，长宽各约10厘米。为在稍有斜度的地面上保持坛的水平，每一圈石桩界较高的北侧选用较短的石桩或将个别石桩平放，较低的南部一侧则选用较高的石桩。紧贴石桩界也立置成排的筒形陶器。由于淡红色的石台基与筒形陶器色调相近，使整个祭坛呈现出一种红色效果。这与两侧积石冢的白色冢体正好相互衬托，也显示出祭坛在整个墓地中地位的显要。由于这座祭坛紧靠主冢，与主冢中心大墓墓主人的头部方向正好相对，位置也与主冢一样，同置于山冈最顶部，所以这座祭坛与主冢共为这个冢群的中心。另外，这座祭坛的正北方向还有一片砌石，范围长约10米，宽约10米，编为第六单元。它与祭坛南北相距不到1米，应为相关的附属建筑。第六单元残留石头遗迹不多，形状已无法复原。不过，由于石块旁也散布有陶筒形器残片，可知其结构功能与其他诸冢有相同之处。

第四单元为积石冢，是这个冢群中面积最大、地上建筑结构也最为复杂的一个单元。它位于圆形祭坛的东侧，相距在1~2米之间。不过，此冢最为重要之处在于可以分为下层积石冢和上层积石冢[5]。

下层积石冢位置偏于冢的南部。冢界以内遍铺碎石，其间分布有墓葬，墓有南北方向的土坑，墓外有砌石和堆石，最外排列一圈陶筒形器，所以又被称为"筒形器墓"。土坑墓穴内有以立置的石板为墓壁。随葬品主要为陶器，个别随葬玉器，但数量都甚少，一般只一件。从已暴露的墓葬看，东西成行，从北至南大约可分出三排。下面举第5、6、7号墓为例：

第5号墓。此墓在冢的西南角，其西侧还有第4号墓，都在最南一排。它为长方形竖穴土坑墓，方向155°，长2.57米，宽0.8~1.2米，深0.5~0.6米。以石块和立置的石板砌棺室。单人仰身直肢葬式，男性，头向南。在墓主人脚下随葬一件双耳彩陶盖瓮，无玉器随葬。墓外陶筒形器圈直径6~7米（图二三）。

第6号墓。此墓位于第5号墓的东侧，与第4、5号墓为东西向排列的同一行。它为土坑墓，土圹呈外弧形，长2.4米，宽0.95米，深0.33~0.45米，立石板于墓壁。单人葬，头向北。随葬双耳彩陶瓮一件，置于墓室南端。墓外筒形陶器圈直径约6米，与第5号墓的筒形陶器圈相切。

第7号墓。此墓位于四号冢的东南部，为第5、6号墓以北的另外一排。它为土坑墓，头向北，墓内只在墓壁立一石

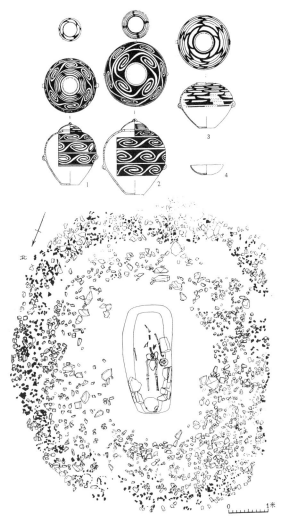

图二三　牛河梁遗址第二地点四号冢下层积石冢第5号墓及各墓出土陶器
1. 第5号墓带盖彩陶瓮　2. 第6号墓带盖彩陶瓮　3. 第7号墓彩陶瓮　4. 第7号墓陶钵

图二四　牛河梁遗址第二地点四号冢上层积石冢及筒形器排列

块。一仰身屈肢的单人葬,旁有二次葬的零乱人骨。随葬陶器二件,置于墓室北端。一件为双耳彩陶瓮,另一件为陶钵,出土时,陶钵倒扣在陶罐之上,当作为器盖用。

上层积石冢位置偏于冢的北半部。冢界作成东西两冢相套的形状。东侧一冢砌成圆形,可比较明显地看出起三层台阶;西侧一冢则较多变化,从保存较好的南界看,也可分出三层台阶,但在南部冢界还可分辨出三层冢界叠垒的现象,下层与上层冢界为圆形,夹于中间的冢界则为直线走向。西冢的北界也出现与南界相应的直线状走向的冢界。东西两冢界在中部相交,有西侧冢界对东侧冢界的叠压,也有东侧冢界对西侧冢界的隔断,可知它们为同时形成相互套接的关系(图二四)。上层积石冢内的墓葬已发掘的都为石棺墓,方向与下层冢墓的南北方向不同,为东西方向。随葬有玉器,不见陶器。但上层积石冢虽地上积石规模甚大且结构复杂;但却未发现较大的墓葬,也未发现可属于中心墓的墓葬。这就进一步证明第二地点虽有多冢,但中心墓只有一座,即第二单元中心的大墓。此外,上层积石冢东冢的东界,从北向南逐渐由圆弧形过渡到呈直线状延伸,到长达 36 米处折向西,从而形成整个四号冢的南界范围。这样多变化的砌筑冢界的方法,不仅使东冢形成北圆南方的形制,而且也将下、上层积石冢都包括在外冢界的范围之内。推测四号冢也有同一号冢相同的做法,即在晚期墓筑成后做出统一的冢界。

第四单元下层积石冢与上层积石冢的区别也表现于所用筒形陶器的变化方面。下层积石冢筒形器为折沿,口沿平或圆,底缘也有外折的沿,外表无弦纹;上层积石冢筒形器为翻沿或卷沿,底缘向内折而有棱,肩部饰多道弦纹(图二五)。根据

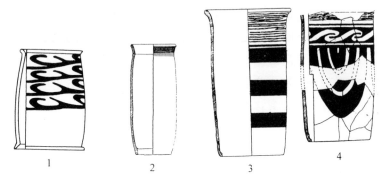

图二五　红山文化筒形器比较图

1.牛河梁第十六地点下层积石冢（T5③:5）　2.牛河梁第一地点女神庙附近窖穴（牛1J3——14）　3.4.胡头沟上层积石冢（筒11、筒5）

对筒形陶器演变规律的初步掌握，可知该地点第一单元和第二单元也有属于下层积石冢的迹象，但现揭露的积石冢都属于上层积石冢。

此外，在第四单元积石冢的顶部发现以碎石垒砌的小墓，仅葬一人，个别有小件装饰品，应为与积石冢有密切关系的附属阶层的死者。

第五单元在四号冢的东北侧，只见一层石块砌筑的冢界，为长方形，南北长15米，东西宽10米。在冢的中间又起一道东西向的石墙，将冢隔为南北两部分。在南半部发现人骨，但尚未见有明确的墓葬。不过，由于这座冢的冢界内侧保存有成行排列的筒形器群，推测这个单元的功能与邻冢相近。值得注意的是，此单元的位置与其他单元不完全在东西一条线上，而是明显地偏于第四单元的东北方向，规模也远较第四单元为小，表现出此冢为后续的建筑并具有一定附属性的迹象。此冢筒形陶器具上层积石冢筒形器的特征也证明了这一点。

（2）第三地点[6]。此地点为一单体积石冢，位置在第二地点正南方向的一座山冈上，间距197米，海拔高度629米，较第二地点为高。积石冢坐落在山冈顶部。此冢扰乱较甚，从断断续续的石墙可看出有石砌的冢界，为圆形，直径17米。冢内发现墓葬已编到第9号，都为石棺墓。除了一座墓的位置在冢的中心部位，其余都位于冢的南侧。从遗留筒形器残片看，第三地点积石冢属于上层积石冢。现以第7、1、3、4、9号墓为例，介绍如下：

第7号墓。此墓位于冢的中心部位，方向北偏西45°。有土圹，东西长2.9米，南北宽1.35～1.85米，深0.9米。内砌石棺，长1.8米，宽0.5米，为石块垒砌。墓底未铺石。单人仰身直肢葬，男性。随葬玉器三件，为斜口筒形玉器、玉镯和玉珠各一件。斜口筒形玉器置于头底，玉镯套在右手腕上，玉珠置于胸部右侧。从此墓的位置和规模看，可能是此冢的中心墓。

第1号墓。此墓在第7号墓的东南0.8米处，为一特殊形制的石棺。这座石棺长仅0.70米，宽0.5米，深0.35米，但砌筑较为讲究，墓壁以石板叠砌五层，底铺石板，墓口西侧并以石板砌短墙。墓内无人骨和随葬品。推测有两种可能：一是石棺筑成后未及葬人或已迁葬；一是此石棺非墓葬，而是第7号墓的附属部分。由于这两座墓相距甚近，后一种可能性是存在的。

第3、4号墓。这两座墓连在一起，第3号墓打破第4号墓。它们都位于冢的西南侧，都为长方形石棺墓。单人仰身直

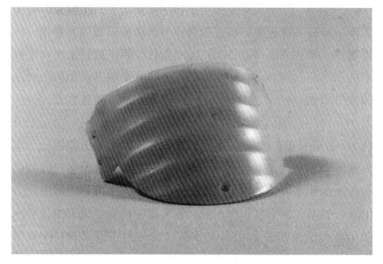

图二六　牛河梁遗址第三地点第9号墓玉臂饰

肢葬。第3号墓为女性。随葬玉器四件，为玉璧、玉环各一件，玉镯一副。玉璧位于头部左侧，玉环位于右肱骨上，玉镯套在左右手腕上。第4号墓为男性，未见随葬品。

　　第9号墓。此墓位于冢的西南侧。石棺较小，单人仰身直肢葬。随葬玉器较为特殊，共两件：一为玉镯，套于右腕上；一为玉臂饰（图二六），造型别致，制作甚为精工，出土时位于右胸部。

　　该冢南部其他石棺墓均无玉器等随葬品，有的为二次葬。

　　这座冢较为特殊之处，在于围绕冢界有一道环壕。环壕现存宽度在2米左右，深度在1米左右，直径从壕沟外侧算起，为18米。沟全部凿入风化基岩。沟底有散落的积石冢石块、泥质红陶筒形器片，还有数量不少的战国时期绳纹灰陶片。这些战国时期遗物有的出在沟的底部，这为断定壕沟的年代提出了一个问题，即这道壕沟是否为积石冢的环壕尚待验证。不过，在第五地点积石冢已有环壕发现，可以相互印证，而且从第三地点环壕具有与墓穴相同的凿入风化基岩的做法和环绕冢界而筑的情况看，此沟为此冢环壕的可能性较大，沟底出有战国时期陶片可以理解为在战国时期此沟尚存。

第三地点的积石冢在已发现的诸积石冢中是规模较小的一座，却有中心墓和附属墓，附属墓中还出有精美玉器，更可能有环壕围绕。特别是这座冢单独占据一座山头，向南正对第二地点中心大墓和祭坛，位置又较第二地点为高。两个地点距离不大，却规模悬殊，由此推测第三地点积石冢可能是与第二地点有关的附冢。

（3）第五地点[7]。此地点与第三地点积石冢处于同一道山梁，位置在第三地点以西882米的山冈上，海拔高度为618.4米，共三个单元。第一、三单元为积石冢，第二单元为坛式建筑。

第一单元可分出三层。下层有窖坑，出有彩陶器和斜口器等特异形陶器，发掘者认为是居住遗迹，但也可能与祭祀有关。中层铺碎石，有筒形陶器成行排列的迹象，时代相当于第二地点第四单元的下层积石冢，发现土坑墓葬，附近散布有圆形石堆和烧土面。上层为大型积石冢，也是这个单元的主要部分。上层大型积石冢已发现有圆形冢界，并在冢界以外发现了围绕冢体的环壕残段。圆形冢界直径达25米，用料较大，可看出起台阶的迹象，外围的环壕虽仅存西侧一段，但推算出其直径达35米。此冢内设有中心大墓，位置在冢的中心部位偏西一侧。中心大墓有大型土圹，方向119°，墓口长3.8米，宽3.1米，深2.25米，墓穴大部分已凿入风化基岩。墓壁起台阶，

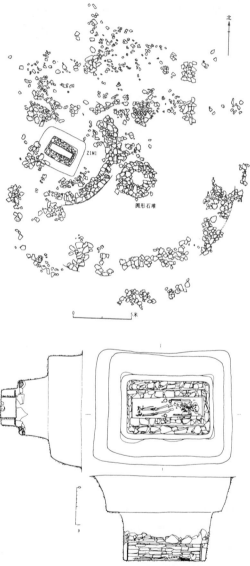

图二七　牛河梁遗址第五地点一号冢及第 1 号墓

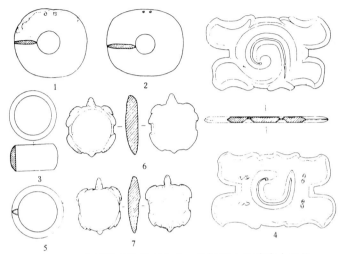

图二八 牛河梁遗址第五地点一号冢第 1 号墓出土玉器

1.2.璧 3.箍形环 4.勾云形玉器 5.镯 6.7.龟

南北两侧起两层台阶,东西两侧起一层台阶。有大型石棺,以长条形石板平砌,每边约六至七层,前后挡板以整块石板立砌。棺内壁长 1.98 米,宽 0.55 米。无底板,有顶盖,为大块石板叠搭而成,盖板以上并有封石。单人仰身直肢葬,为老年男性,头向东。随葬玉器七件,计有勾云形玉(佩)、玉箍、玉镯各一件,玉璧和玉龟各一对。勾云形玉(佩)置于右胸部,为竖置,背面朝上。下压一玉箍,右腕上套一玉镯,头部的两侧各置一大型玉璧,两手各握一玉龟(图二七、二八)。此墓有宽大的土圹和大型石棺,上砌筑起台阶直径达 20 余米的圆形冢界,外围以环壕。随葬玉器个体大,种类特殊,可见此墓规格甚高。尤其是墓内未被扰动,是了解红山文化积石冢中心大墓较为完整的资料。

第二单元用石块砌成长方形,东西长约 10 米,南北宽约

5 米。石面甚为平坦，四边砌筑整齐，但无明确的边框，推测亦为坛一类建筑。在表面石层下，发现有成排的人骨，但无明确的墓葬，是否与祭祀有关，尚待进一步研究。

第三单元也可分出如第一单元那样的层位，已暴露出的有相当于第一单元中层的碎石层面和成圆圈排列的筒形陶器，可知有属于下层的积石冢。上层以积石冢为主体，扰动较甚。从东侧残留的呈直线的两道冢界看，应有方形或长方形的冢界。冢内已发现石棺墓葬，附近出有陶塑妇女小雕像，尚未有玉器出土。值得注意的是，此冢未发现中心墓。

从以上分析可知，第五地点为双冢一坛的组合。其中东侧的圆冢规模大，有中心大墓，当为该地点的主冢。

（4）第十六地点。此地点即凌源县三官甸子城子山遗址[8]，位置在牛河梁遗址群的西部山梁上，海拔高度 560 米，东距女神庙约 4.5 公里。城子山因上部为夏家店下层文化石城堡及其文化堆积，故名。在城址的西半部分，地表散布有较多红山文化陶片，发现有残留的石墙、积石和筒形陶器，可知此处的红山文化墓葬为积石冢形制。但因最初为试掘，发掘点分散，这些石墙等遗迹与墓葬间的具体关系尚不明确。墓葬共三座，第 2 号墓为大型墓葬，第 1、3 号墓为小型墓。它们的位置从发掘简报的叙述可知，第 2 号墓在北，第 1、3 号墓在南。墓地发现的筒形陶器已发表的多数具有下层特征。个别也表现出上层特征。在城子山遗址的南坡，也发现了类似第二地点四号冢下层积石冢的筒形器墓葬迹象。由此可知，第十六地点包括了从下层到上层积石冢的发展过程。

第 2 号墓。此墓凿花岗岩石为墓穴，长 2.54 米，宽 1.5 米，深 2.16 米，有大型石棺。石棺头宽尾窄，石棺长 2 米，宽0.45米，高0.6米。棺底铺石板，棺顶有石板盖。单人葬，人骨保存不好。随葬玉器九件，计有勾云形玉器、斜口筒形玉器、玉鸟、玉珠各一件和玉璧二件及玉镯三件。玉器出土时似稍有移位，但仍可看出大部分玉器在头部和人体上部。这座墓发现于1979年，是第一次经正式发掘出土的红山文化玉器墓。

第1号墓。此墓在第2号墓的南侧，也为石棺墓，但墓壁和墓的上半部分已被扰乱一空，仅存下半部分的墓底石板和骨盆以下的人骨。人体左侧竖置两件玉锥形器，扰土中发现另一件锥形器和一件双兽首三孔器，应属这座墓的随葬品。

第3号墓。此墓在第2号墓的东南侧，为小型石棺墓，已大部被扰乱，未见随葬品。

从第2号墓规模较大和随葬玉器数量多、个体大而精的情况看，似已具中心大墓规格，其他两座较小的墓葬位于第2号

图二九　牛河梁遗址第十六
地点第4号墓局部

墓的南侧也符合积石冢中心墓与附属墓之间的相对位置关系，但 2002 年对第十六地点的全面发掘证明，第 2 号墓以北约 5 米处又发现了一座更大的墓（第 4 号墓）。这座墓南北长 3.9 米，东西宽 3.1 米，深 4.68 米，凿山为石穴。葬一成年男性，随葬玉人、玉凤等八件玉器（图二九）。此大墓位置正好在山冈正中，应为中心大墓。这几座墓都属于上层积石冢。因受到夏家店下层文化严重扰动，冢的整体结构已不清[9]。

从以上四个地点的积石冢，主要是上层积石冢墓葬和胡头沟等地发现的积石冢，可以对红山文化积石冢的特点作如下归纳：

（1）积石冢都置于山冈顶部。一冈一冢或一冈双冢，也有一冈多冢。每座山冈上的积石冢或积石冢群形成一个独立的单元，山冈之间又可依距离远近和地势高低分为不同的冢组，从而形成从小到大的不同层次的组合，而每个山冈应为基本组合。

（2）每座积石冢都有固定的冢界，自成独立单元。一冢多墓，以石板和石块砌筑石棺。较大墓有规整的土圹，墓底筑大型石棺。小墓土圹不够明显，但都有石棺。无石棺的土坑墓葬极少。墓有成行排列的规律。

（3）积石冢有一次形成，也有多次形成，经历较长时间变迁。大约可分出两个大的阶段。早一阶段规模较小，形制尚不固定，为开始期。晚一阶段规模较大，已定型，为成熟期。晚一阶段又有原建和续建的早晚之分。有在冢顶续建小墓的现象。

（4）积石冢内设有中心大墓，中心大墓位于冢的中央部位。有宽而深的墓穴并起台阶，墓穴为达到一定深度而不惜开凿基岩。有大型石棺，以石板平砌，内壁平齐。随葬玉器数量多，种类齐全，选料精，工艺讲究。从牛河梁第二地点只在二号冢设中心墓、第五地点也只有一号冢有中心墓和第三地点只有一个冢有中心墓的情况分析，每座山冈都有中心墓，但有多座积石冢的只有一个冢拥有中心墓，是为主冢。与中心墓同处一冢内的其他墓葬，已发现的都有位于冢南侧的分布规律，如第二地点第一单元、第二单元和第三地点。第十六地点也有中心墓在北、其他墓在南的迹象。

（5）墓上封土后再积石，形成地上建筑。冢顶积石以石块堆砌，似无规律。冢的周边则砌筑讲究，以经过加工的石块砌出冢界，一般为三层，由外向内层层叠起。框界平面有方形（如牛河梁第二地点二号冢）、长方形（如牛河梁第二地点一号冢、胡头沟积石冢）、圆形（如牛河梁第三地点、第五地点一号冢）、前方后圆形（如牛河梁第二地点四号冢）。积石和石棺所用石料以硅质石灰岩为主，形成白色冢体。

（6）关于红山文化积石冢的地上建筑。古有"墓而不坟"的记载（《礼记·檀弓》）。但是，近年在商代妇好墓和河北省中山国王陵都已有地上享堂一类建筑遗迹发现[10]。红山文化积石冢则以发达的地上建筑为特点，即墓上封土积石形成土石状丘顶，而且这已不是孤例。稍晚的良渚文化大墓大都营造于人工堆筑的大型土墩之上，有称为"土筑金字塔"，是另一种地上坟土形式。其实，红山文化和良渚文化墓葬地上建筑的发达都不是偶然的。如上述巨大而高耸的坟丘的设置，已不仅是一种墓葬的标志，更主要是突出墓主人特殊的身份地位，即"一人独尊"。这尤其是文明初级阶段具有时代特征的现象，埃及金字塔、西欧地区的巨石墓亦然。所以，《礼记》所记先秦时代"墓而不坟"的制度不可一概而论。汉代以来在墓上设坟丘的制度已可追溯到距今五千年前的史前时期。这是我们从红山文化积石冢结构特点及其所反映的社会性质，而对中国古代传统礼制产生的联想。

（7）墓内一般只葬玉器，同时葬陶器者极少，尤其是随葬玉器较多的大型墓尚未见有随葬陶器的。据目前发掘材料，随葬完整陶器者，只见于早期积石冢。不过，有在石棺一端设副棺，在副棺内置大片彩陶残器的情况。

（8）陶器大量置于冢上，是紧贴在冢上石砌台阶内侧竖置的成排筒型陶器。这种筒型陶器都为泥质红陶，壁厚，多在口下饰弦纹，腹部绘黑彩，有半面彩绘的做法。这类陶器的最大特点是皆无底部。关于这种所处位置（不在墓内而在墓上）、形制（无器底）都很特殊的陶器的功能，议论颇多。有人认为是鼓，有以为是器座[11]，有以为与祭祀有关。有从力学原理分析，竖置的圆筒形器因无底部更具抗侧压力。它们依次成排立置于冢的周界，可起到保护冢顶封石和边侧石砌台阶不致塌落的"坝"的作用。从出土时这些筒形罐上部多已残碎，残片皆向外倾散，保留原位的筒底也大多向外倾斜以及冢顶堆石大量塌落于冢界以外等状态分析，对筒形陶器的功能作这种推测似有根据。不过，由于这些积石冢都是红山文化祭祀地的组成部分，积石冢本身也具有强烈的祭祀功能，如从这个角度考虑这种形制和出土情况极为特殊的筒形器的功能，可能更接近于当时的实际。因为这种筒形器形制的最大特点是没有底部，为此，有的筒形器的底边在成胎时还特意刮削。这样，立置于积石冢之上的筒形器就具有了上下贯通的含义，而上下贯通恰与史前人类十分信仰的沟通天地的祭祀内容相互吻合。这同良渚文化玉琮的功能可以相互对应。所以，遍置于积石冢上的这些筒形陶器群应是一种祭器，或就可直称为"陶琮"。

（9）冢坛结合。冢坛结合是红山文化积石冢的又一重要特点。红山文化已有设坛祭祀的做法，可以从三方面证实：一是积石冢冢体本身庞大而规整的地上砌石建筑，由于层层叠起的石台阶都在冢的周边，冢顶就显得宽敞而较平坦，其状又非方即圆，或方圆结合，上圆下方，方圆相叠，十分规整而考究，所以积石冢的冢体本身就应具备祭坛功能；二是积石冢四周，主要是冢前（南）经常发现有大面积红烧土，或在冢前有堆筑圆形石堆的现象，这应是在冢外附设的祭祀遗迹；三就是已有独立的祭坛发现，如东山嘴南部的圆形祭坛、牛河梁第五地点双冢间的方坛。其中尤以牛河梁第二地点第三单元的坛体性质最为明确。这个圆形坛体，三重圆层层叠起，所选用的是不同于积石冢白色石灰岩的红色花岗岩石料，其砌法为不同于积石冢石块平砌法的立置"石栅"式。石坛所处位置在诸冢的中心，并与主冢紧邻，使这座祭坛处于十分显要的中心位置。由此可见，祭坛既与积石冢同处一地，成固定组合，相互衬托，又显示出其在诸积石冢群中处于与主冢相当的地位。

不同地点的积石冢规模有大小之别。例如，敖汉旗水泉有三处相邻的积石冢（即四家子草帽山积石冢）组成一个冢群，喀喇沁旗河南东村的一处冢地包括有二至三座积石冢[12]。它们的规模远不能与牛河梁的冢群相比，与之相对应的社会组织应规模较小，层次较低。

此外，在西拉木伦河以北的克什克腾旗南台子遗址发现了红山文化的土坑墓。这处遗址共发现红山文化墓葬十三座，多数为长方形竖穴土坑墓，部分为圆形或椭圆形竖穴土坑墓，但

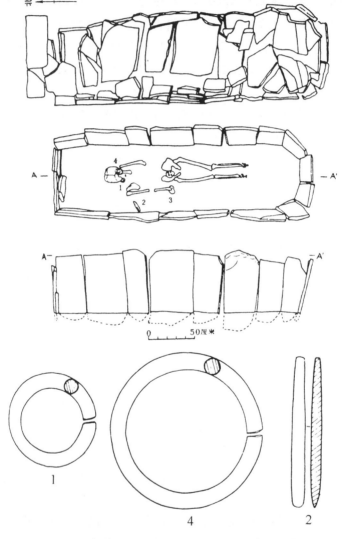

图三〇 内蒙古克什克腾旗南台子遗址第7号墓及随葬品

1.4.玉玦 2.石凿

也有少量墓葬有积石。从报道所举实例看，土坑墓中有双人合葬墓和多人合葬墓，葬式有仰身直肢、仰身或侧身屈肢，随葬品中有斧、锛、刀、磨盘、磨棒等石器和饰压印"之"字纹的陶罐、敞口钵等陶器以及匕、锥、刀等骨器。有积石的墓以石板砌筑成长方形，单人葬，随葬有玉玦、石凿和蚌壳，但未见有陶器[13]（图三〇）。南台子红山文化墓葬的发现说明，在牛河梁以北的地区，墓葬形制有所变化，但仍有积石冢和只葬玉器、多人合葬等共同葬俗。

2. 以一人为中心的等级制

红山文化积石冢与同时期其他史前文化常见的墓群相比，有很大的不同。后者虽也有大小墓之分，但都在同一墓区，连成一片，很难找到明确的分界，而红山文化的积石冢不仅形制独特，尤其是单元分化和具体界限极为明确，每个地点、每个地点内的各个冢都自成独立单元，冢与冢、墓与墓之间的主次关系也很分明。这就为探讨当时的社会形态，提供了较为完整而系统的也更为直接的资料。它们又可分为两个方面，一是单元之间的关系，一是同一单元内诸冢墓之间的关系。

红山文化的积石冢分布在各个山冈之上。根据牛河梁积石冢的初步分期结果，这个遗址群的十几个地点的积石冢中主要的几座，如第二、五、十六地点都是大约同时形成并经过相近的时间变迁的。每个山冈上的积石冢或积石冢群，各代表一个同时并存的独立单元。有人已注意到这种现象，并同部落、氏族、家族相对应[14]。其实，这种已有很明确的界限并具有严格的层次性的埋葬形式，除了多冢共处一地、多墓共处一冢尚具有氏族公共墓地的一些基本特征，其单元分化至为明确的基本形态早已超越了以血缘纽带维系的那种氏族公共墓地的形式，表现为一种全新的社会组织形态。每座山冈上冢的多少，各个积石冢之间规模的大小，可能就是各个单元集团的大小、强盛以及每个集团内部组合、兴衰过程的反映。有群冢的单元，每个冢又自成单元，各个冢之间以石墙为各自的界限，独立性很强，而每个冢内又分行排列。各单元之间、不同的行之间和诸墓葬间都显示出较多差别，说明红山文化社会变革已深入到社会的每一个基层单位。如果以每个山冈的积石冢或积石冢群代表一个基本单元，有群冢的每个山冈上的各个冢是基本单元下的次单元，每个冢内各行代表次单元中更小的单元，再将冈间远近大小所表现的亲疏也考虑在内，如第二地点与第三地点之间相距较近而规模、规格悬殊所表现出的可能具有主附关系的冢群，那么，红山文化的社会组织已表现出非常严密的依次分层的金字塔式结构。这是红山文化积石冢反映社会结构的一个非常重要的方面。

红山文化积石冢所能表现的社会组织结构还有另一个更为重要的方面，那就是以大墓为中心的红山文化积石冢所反映的以"一人独尊"观念为主的等级制。

史前诸考古文化的墓地有大小、贫富差别的墓葬并不少见，但像红山文化积石冢这样主次如此分明的墓葬分化，尚属首见。这当然是指积石冢内诸墓葬和积石冢之间在墓葬规模、随葬品多少所表现出的不同差别，更主要的是指在积石冢里有明确的中心墓。可以按墓葬之间的差别将红山文化积石冢中的墓葬明显地分为若干等级。从目前已发掘的墓葬情况看，大致可分出中心大墓、台阶式墓、甲类石棺墓、乙类石棺墓和附属墓共五个等级。

中心大墓当然是冢中最高等级的墓葬。这类墓有大型土圹，如第五地点一号冢的中心墓土圹每边接近 4 米。墓壁都起二至三层台阶。第二号地点二号冢中心大墓更在墓口上砌石椁式方台，形成多级台阶。这种中国古代表示墓葬高规格的台阶制度，在史前文化墓葬中还是十分少见的。大部分中心墓随葬玉器数量相对较多，而且个体大，玉质纯正。例如，牛河梁第五地点一号冢第 1 号墓为七件，第十六地点第 4 号墓为八件，胡头沟第 1 号墓为十件。从这类墓中的玉器组合可看出的规律性现象如下：一是多随葬有红山文化玉器中最具代表性的斜口筒形玉器、勾云形玉（佩）和动物形玉器（如龟、鸟）；二是这类玉器常成对成组出现，如牛河梁第五地点一号冢第 1 号墓的双联璧和双龟、胡头沟第 1 号墓的双龟。同时，中心墓之间也有差别，如牛河梁第三地点的第 7 号墓只随葬三件玉器，如为中心墓，就可能与该冢规模较小是相应的。

　　台阶式墓是仅次于中心大墓的一类，见于牛河梁第二地点一号冢和二号冢。它们也具有中心大墓那种大型土圹、深凿入基岩、墓壁起台阶、石棺宽大等基本特征。不过，与中心大墓不同的是，它们只在墓圹的一侧筑多级台阶。这使墓的整体结构虽很不对称，却是一种更为引人注目的做法，故可称为台阶式墓。如果墓葬起台阶作为墓主人具有较高身份地位的一种特定表现方式，中心大墓四壁起台阶是表现一人至高无上地位的最高等级的形式，那么，采用在一侧起台阶这种特殊的结构，就是墓主人低于中心大墓而高于一般墓葬结构的一种定制。这类墓随葬玉器数量也仅次于中心大墓，且不乏造型、纹饰复杂的高等级玉器。牛河梁第二地点一号冢第 21 号墓虽未发现墓圹筑台阶，却有较深的墓穴、大而讲究的石棺，尤其是随葬各式玉器达二十件之多，且拥有玉龟壳、兽面纹玉牌饰等高等级玉器，故也可列入仅次于中心大墓的等级。

甲类石棺墓是指随葬有玉器的中、小型石棺墓。它们似又可分为随葬等级较高的成组玉器墓，如牛河梁第二地点一号冢第4号墓、第14号墓、第15号墓等；随葬一般成组玉器的墓，如牛河梁第二地点一号冢第11号墓；只随葬单件玉环、玉璧的墓，如牛河梁第二地点一号冢第7号墓等。

乙类石棺墓不随葬玉器，仍有讲究的石棺，并按顺序与甲类石棺墓排列在行内，有的随葬单件彩陶器。如第二地点一号冢内的第6号墓、第二地点四号冢内的第5号墓等。

附属墓包括葬在冢顶、坛顶之上和冢界以外的两类，只有简单的墓坑，一般无随葬品。其身份显然与有石棺和排列在冢内行间的甲、乙二类石棺墓有很大差别。

红山文化积石冢中的墓葬既可分为若干等级。这些等级似有依次排列的严格顺序，但又并非都是依次排列的等级。带有附属性质的墓应不列入正式等级内，而中心大墓则超越一切等级，具有至高无上的地位。这类中心大墓在每个冈冢中只在一个冢中出现。这个冢的位置往往在冈顶正中，是为该冢群的主冢。主冢内中心大墓与冢内其他墓葬的主附关系，主冢与同一冈冢的其他冢之间的主次关系，一目了然。红山文化积石冢所表现的这种"金字塔"式的社会结构，与同时期前后诸史前文化所见墓葬，如良渚文化人工堆筑土墩上的大墓成群和大汶口文化墓群中大小墓之间的分化相比，更加突显了中心大墓主人"一人独尊"的身份地位。尤其是中心大墓下筑台阶与四周冢界的上起台阶，上下对应，更显示出层层叠起之势。这一座座积石冢置于冈峰之巅，已是后世"山陵"的景观，或有称为"陵区"[15]、贵族墓地或近似于"王墓"[16]。中心大墓主人已具王者身份应没有多大疑问。

根据阜新县胡头沟、敖汉旗四家子以至林西县白音长汉等地发现的红山文化积石冢看，牛河梁遗址积石冢所表现的以"一人独尊"为主的等级化具有一定普遍性。

据报道，胡头沟墓地的第1号墓位置在"石围圈的中心部位以下。墓底距地表深4.5米"。收集到的随葬玉器达十五件。除勾云形玉器以外，且有成对的玉龟和玉鸟，还出有四件罕见的棒形玉器。位于石围圈外侧的第3号墓，则距地表的深度只有1.1米。石棺的规模和随葬玉器也远不能与第1号墓相比。由此可知，胡头沟积石冢也拥有中心大墓，即第1号墓，且与同冢其他墓葬对比悬殊，也已具备以"一人独尊"为主的等级分化[17]。

白音长汉是分布于西拉木伦河以北的一处红山文化墓地。从简略的报道中可知，该群墓葬分布在遗址所在的山坡的坡顶上。"正居山顶中心部位的第5号墓有石砌围墙，其余诸墓皆为积石墓，沿山脊错列排开组成一处小型墓地。第5号墓为长方形石板墓，居于石围墙的中心……其余墓葬皆土坑竖穴，多数为单人葬，双人合葬仅一例，葬式为仰身竖膝。一般死者头向东北，个别向北。随葬品未见日用陶器，皆装饰品，有玉玦、玉管、玉蝉、穿孔贝壳、亚腰形贝饰、仿贝石臂钏、贝钏、石珠、石质螺纹棒饰、小型动物头饰、锥状石核等"[18]。由此可知，白音长汉遗址的红山文化墓地也具有中心墓与一般墓葬之别。

胡头沟在牛河梁以东200余公里，已接近红山文化分布区的东缘，白音长汗更在西拉木伦河以北。这两处远离红山文化中心区的墓葬都具备红山文化积石冢的一般特征，特别是也拥有中心大墓。这些充分表明，由积石冢所反映出的红山文化这种以"一人独尊"为主的等级分化已经制度化。

3. 金字塔式巨型建筑址

这是在牛河梁遗址群里一座规模特大，但性质尚不明确的单体建筑遗迹。它是红山文化中与积石冢结构相近而功能可能有所不同的又一类建筑址，对了解牛河梁遗址群的规划布局具有画龙点睛的意义。由于其结构近于积石冢，暂在积石冢一章里单列一节予以介绍。

这座巨型建筑址位于该遗址群南部一座名叫"转山子"的山冈上（图三一）。因冈顶上叠压有汉代遗存，这里又距分布于辽西地区的汉代长城线不远，于是在很长一段时间里，这个山冈是被作为汉代的一个墩台来对待的。随着牛河梁遗址调查与发掘工作的步步深入，已掌握了调查发现积石冢的规律。那

图三一 牛河梁遗址第十三地点全景

就是在高度合适的山冈上，同时散布有泥质红陶片和白色的石灰岩石块，就极有可能是一座积石冢。恰恰转山子就具备了这几个特点：山冈海拔高度 588 米，除了山顶部多见汉代绳纹灰陶片，在山的南坡偶而也可采集到红山文化的筒形陶器残片，而类似积石冢的石灰岩石块则到处都可以见到。经试掘得知，这座转山子遗址其实主要为红山文化遗存，只是在汉代作为墩台使用时在山冈顶部遗留有汉代建筑遗迹和有关遗物。

这个地点被编为牛河梁第十三地点。经过发掘，了解到它的基本情况如下：

这是一座土石结构的正圆丘形建筑址。其范围东西、南北各 100 米左右，总面积达 1 万平方米。该建筑址中央部分为土丘，直径 40 米，从山冈基岩面到现存土丘顶残高 7 米多。中央土丘以夯土筑起，每层水平夯土以黄土、灰黑土、风化基岩土各一小层组成，每层厚 8～15 厘米，夯层时有间断，边缘夯土呈斜坡状。夯台中段出现一道横贯台体的水平界限，将夯台分成上下两段，表明整个夯台是分阶段筑成的。夯台顶部似有建筑迹象，顶部中心部位散布有大片被扰动的炼铜坩埚片层。这座建筑址的中心夯土台以外包砌积石，全部为白色硅质石灰岩，与诸积石冢所用石料完全相同，砌法也相近，但石块规格较大，每块石料一般长 40 厘米，宽、高约 30 厘米。积石散布于整个建筑址的方圆 100 米范围内外，而以中心部位围绕夯土台的一圈石台阶保存较多，可看出为正圆形状，直径达 60 米。由此可知，这座巨型建筑在结构、形状以及建筑石料的使用上都同积石冢墓群十分相近，但规模之大、结构之复杂却远在诸积石冢之上。前述诸积石冢范围直径或每边长一般在 20 米左右，最大的长 30 余米，在同时期考古文化中已属规模最大之列。然而这座巨型建筑址的总范围直径在 100 米上下，中心范围在 60 米左右，这不仅在牛河梁遗址群以至红山文化中是最大的，就是在同时期诸史前考古文化中也还没有见到过有这样的大型建筑址发现的报道。它所动用的土方和石方量都可以上万立方米计算。其建造又十分精心规则，内夯土与外砌石既是界限清晰的两部分，又相互结合为一体。尤其是直径达 60 米的石台阶，砌成正圆形状，一丝不苟。作为单体建筑，可能是迄今所知中国史前时期发现的规模最大的一座。台顶的建筑迹象如能进一步确定，将会证明这确实是一座有复杂内涵和特殊功能的典型的"金字塔"式巨型建筑。

　　需要提到的是，在这座巨型建筑址的顶部散布着成遍分布的坩埚片。这些坩埚片外壁为草拌泥质，内壁胶结物中偶有绿色的铜锈痕。经化验，它们都是炼铜的坩埚残片。这些坩埚片最为显著的特征是壁面多孔。孔径近 4 厘米，一般间距不到 10 厘米就有一孔。如果这些孔是插吹风管用的，那如此众多的吹风管表现出当时冶炼铜尚具有相当的原始性。关于这些坩埚片的时代，即是否与建筑址为同一时期，尚待进一步研究。因为坩埚片所在地层，已经反复扰动。已有人根据在地表上采集的这些坩埚片标本热释光测定年代在距今三千年至四千年，从而倾向于否认这些坩埚片属于红山文化[19]。不过，这并不能否认红山文化已拥有冶铜术。因为在红山文化遗址中，已有明确的冶铜线索：一是内蒙古敖汉旗西台遗址发现的铸铜陶范，一是牛河梁积石冢发现的随葬铜环。西台遗址发现的铸铜陶范情况已有简单的报道："1987 年，在内蒙古敖汉旗西台遗址红山文化房址堆积中出土两件长方形陶质合范，一件长 3.6 厘米，另一件仅 2.5 厘米，当用于铸造钩形饰件。"[20]牛河梁遗址所出铜环见于第二地点第四单元顶部的一座附属墓葬内。铜环作椭圆状弯曲，经鉴定为红铜质，出土时位于颈下，与一枚玉管相连，当为项饰。红山文化之后的夏家店下层文化已经掌握了冶铸青铜的基本技术，如使用较为标准的合范，能一次浇铸1000克熔液，已可铸造带较细花纹的器物，尤其是已知使用内外范。也就是说，夏家店下层文化已经较全面地掌握了冶铸青铜容器的技术[21]。据此而言，此前的红山文化已有简单铜器出现是符合发展规律的。

总之，这座金字塔式巨型建筑址，无论其功能是祭祀或墓葬，还是兼而有之，其规模之大、规格之高都是牛河梁遗址群中可与女神庙相比的又一座中心建筑。它无疑是衡量红山文化发达程度的又一实例。

（二）女神庙——神的世界

早在东山嘴遗址发掘时，就注意到这个遗址出土的大型女神塑像。这些塑像残块显示女神像为叉手正坐，显然是被崇拜的偶像。在东山嘴遗址还散布有不少草拌泥质的红烧土建筑残块。这些都在暗示，当时这里曾经存在过"神居之所"。为此，在现场有过亲手发掘女神像经历的考古工作者，大都在希望有机会找到更为完整的材料。不过，当牛河梁女神庙刚被揭露出来时，大家仍然深感意外。因为这座女神庙保存之完好、结构之复杂、内容之丰富，尤其是女神像规模之大、数量之众、塑造工艺之精湛，远非东山嘴遗址所能比拟。它向人们展现出五千年前的一个神的世界，也把红山文化的研究提高到一个新的高度。

1．女神庙的结构布局

女神庙遗址位于牛河梁的第二道梁的近于梁顶处，编号为
牛河梁第一地点[22]，海拔高度为671.3米。这道山梁位置在
各道山梁的中部，又高于其他山梁，应为牛河梁的主梁。第一
地点其实是一个包括女神庙在内的大范围的建筑群体，可以分
作主体和附属两部分。主体部分除女神庙以外，最重要的是位
于庙北的一个大型山台，山台的北侧又有另一座神庙的遗迹散
布（图三二）。附属部分包括了主体周围已发现的窖穴多处。
山台南距女神庙北墙仅8米。它主要由南部东西并列的两座台
址和北部的一座台址组成，范围南北、东西各约200米，总面

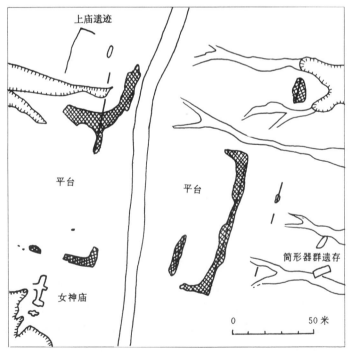

图三二　牛河梁遗址第一地点山台、女神庙与其他遗迹总体布局

积约 4 万平方米。台址周边断断续续保留有人工石砌的边墙。值得注意的是，石墙的走向与女神庙完全一致，说明它们是相关建筑。山台的台面则要高出女神庙的地面近 2 米。山台性质有待进一步探究。山台北侧的神庙遗迹，指的是在山台址的北墙外散布有大面积红烧土堆积，出有人塑像残件、陶祭器和各类仿木建筑构件。其中建筑构件的规格、形式与女神庙有所不同，显示应有另一座庙址。考虑到庙内堆积不会远距离搬运，推测此庙址就在山台以北。这样庙区的主体部分是由大型山台和南北各一座庙组成，也暗示出夹在南北两座神庙间的这座大型山台的特殊地位。

分布在主体周围有附属的窖坑。其主要为两处：一处位于女神庙南侧 12 米，坑的东西侧都已断塌成崖，现存南北长 2.8～2.9 米，坑内上部有厚达 0.75 米的灰烬层。灰烬色纯白，内含文化遗物丰富，有研磨器、刮削器和石片等石器，饰"之"字纹的筒形罐、小口罐、钵等陶器，以鹿骨为主的大量兽骨。其中最重要的是一批特异形陶器残片，包括大型陶盆、镂孔瓶形器。尤其是还出有不只一种类型的陶方器，有的陶方器器体甚大，有的制作较精，还发现有器壁较薄的彩陶方器残片。另一处在女神庙东面，距山台东墙 60 米处，是一座长约 11 米、宽约 4.4 米的近长方形的土坑。坑内堆积有与积石冢相同的近百个个体的筒形陶器残片。已复原的筒形器通高最高达 63.6 厘米，最矮为 23.6 厘米。特异性陶器的大量发现，说明这些窖坑都非一般生活居所，而是与祭祀有关的遗迹。筒形器圆厚，有折沿的形制，具有早期积石冢筒形器的特征，颈饰弦纹又是晚期积石冢筒形器的特征。这些可能说明女神庙和山台的始建时间应在牛河梁遗址群的早晚期之间[23]。

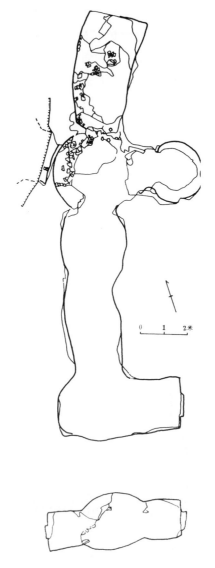

图三三　牛河梁遗址第一地点女神庙平面图

　　女神庙是庙区建筑群址中保存较好的一座主体建筑（图三三）。庙为半地穴式建筑，现保存的地下部分平面呈窄长的"亞"字形状，南北最长 22 米，东西最窄处 2 米、最宽处 9 米，深 0.8~1 米，方向南偏西 20°。从地下部分与地上部分交界处保留的向上弧起的墙面观察，这座女神庙的墙壁地下部分竖直，从地面以上呈拱形升起。庙分主体和单体两个单元，主体部分为多室相连，主室为圆形，左右各一圆形侧室，北部为一长方形室，南部从平面看似为二圆形室与一东西横置的长方形室相接。这样，庙的主体部分为七室相连的布局，南北总长 18.4 米。主体部分以南横置一单室，横长 6 米，最宽 2.65 米，主体与南单室间隔 2.05 米。庙为土木结构，全不用石料。从南单室四周成排分布的碳化木柱痕分析，地上原立有圆木柱，柱内侧贴成束的禾草一类，再涂抹草拌泥土，形成墙面。

图三四　牛河梁遗址女神庙壁画残件（J1B:11）

墙面上做出多种规格的仿木条带，多为方形带，宽4～8厘米不等。从有的标本看，以方木条带为横木，与之相交的立木为圆木柱，其间相接部位也作出仿榫卯的形式。墙面为多层。为便于层层粘合，内层墙面上常做出密集的圆洞。这些圆洞密布如蜂窝状，又似一种墙壁装饰。墙面上真正的装饰是壁画。已发现的几块都为朱、白两色绘出的几何形勾连回字纹图案，应为国内目前所见时代较早的壁画（图三四）。

庙的半地穴部分堆满遗物，其中除了多种塌落的墙面、屋顶等建筑物残件，主要有人物塑像、动物塑像和陶祭器。

陶祭器已知有四种：一为镂孔彩陶祭器，已出土部分残片，为泥质红陶，胎质甚为纯正，而质地十分坚硬，壁厚更达2厘米，外表为红地，绘黑彩，图案为宽条带组成的几何形状，条带十分规整。从残片看，该器有长方形镂孔。此彩陶镂

图三五　牛河梁遗址女神庙彩陶祭器残片（J1B:14）

孔祭器形制特异，规格特大，从腹壁弧度推测，其腹径可达1米以上，堪称"彩陶王"（图三五）；二为敛口盆，其形制具红山文化敛口盆的一般特征，有短圆唇，鼓肩，饰压印条纹和"之"字纹，但壁甚厚，体形也甚大；三为熏炉器盖（图三六），细泥红褐陶质，形似倒置的豆，盖体作折盆式，大宽沿，折腹处起直而锐的折棱，盖面饰细密的"之"字形压印纹五周，其间有四组长条状镂孔，每组五个，间距相等，中心孔甚长。盖柄细长，有大喇叭状把端。此器盖陶胎细腻，质地坚

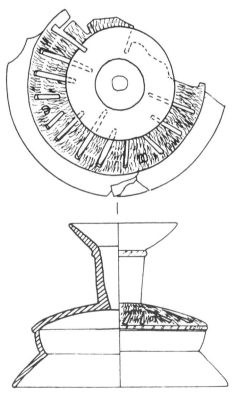

图三六　牛河梁遗址女神庙陶薰炉盖（J1B:10）

硬，形体规整。由于盖面布满镂孔，可知为熏炉一类器物的盖。又因盖面满饰"之"字纹，其红山文化自身特点也是十分明显的；四为一种小型圆形盖式器，泥质红陶，形如覆钵，器形规整，已出土四件，大小形状完全相同，其功能待考。

泥塑动物可辨认的有两种，为龙形和鸟形残件。

龙形残件分属两个个体。一个个体发现于主室堆积上部，

图三七　牛河梁遗址女神庙动物神塑像之一（熊下颚）

因所处位置较高，已接近地表，头顶及身体大部分已残缺，只
保留龙头及上肢。龙头向北正卧，有长吻，作扁圆体，前端有
二对称椭圆形鼻孔，吻上眼睛部分犹存，睛为泥塑，上下颚间
獠牙毕露，体躯巨大，双足前伸，为四趾爪，侧二趾稍短。关
于这件泥塑龙的原型，《简报》称为猪龙，经观察，应为熊龙，
因为不仅其吻部具熊的形象，尤其是其四趾爪露出的表现，在
兽类中也只有熊爪具备这一特征。另一个龙塑个体发现于南单
室内，只有下颚部分，为彩塑，下颚甚长，硕大的獠牙绘成白
色，也具有熊的特征（图三七）。

鸟形塑像只发现鸟爪一对，出土于北室的北壁附近。各存
一侧的二趾，弯曲并拢。每趾三节，关节突出，趾尖锐利，长
度达 15 厘米，似一大型猛禽如鹰一类的形象（图三八）。

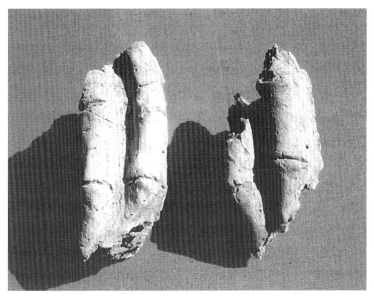

图三八 牛河梁遗址女神庙动物神塑像之二（鹰爪:J1B:9）

2. 女神群像及其艺术性

人物塑像是庙内的主要部分，已在主室、东西侧室和南单室发现人像残件，都为粗泥胎，外表细泥质，打磨光滑，有的表面涂朱或有彩绘。可辨认出形状的有上臂部、腿部、肩部、乳房、手部、眼球，大约分属于六个个体。它们都不同程度地表现出女性特征，并依规模大小可分为三类：第一类为主室中央发现的一残鼻头和一大耳，大小相当于真人的三倍；第二类为在西侧室清理出的手臂和腿部，均相当于真人的二倍；第三类为在主室发现的相当于真人原大的塑像残件，有右肩部、上臂部、乳房和左手（图三九）。第一二类残件都分别属于一个个体，第三类则分属于不同的个体。需要提到的是，泥塑人体的上臂臂心皆中空，有的空腔内存有白色质酥的骨片，因遭火烧,已成骨渣和灰白色骨粉。一件人体肩部塑件表面打磨光

图三九　牛河梁遗址女神庙女神耳部残件（小耳为真人原大）

滑，色淡红，线条圆润流畅，肉质感极强，是典型的女性肩。已发现的乳房残块均有突起的尖状乳头，依其形状大小还可分类，当表示年龄上的差异。

女神庙内最为难得的发现是出土了一尊较完整的女性头像。这尊头像出土时平卧于圆形主室的西侧，头向东北，面略向西。头除了发顶部分、左耳、下唇有残缺，面部整体得以完整保留。头像现存高 22.5 厘米，通耳宽 23.5 厘米，眼眶长 6.2 厘米、两眼间距 3 厘米，鼻长 4.5 厘米，鼻宽 4 厘米，耳长 7.5 厘米，耳宽 3.5 厘米，嘴长 8.5 厘米，唇高起 2～2.5 厘米。塑泥为黄土质，黏性较大，掺草禾一类，未经烧制，内胎泥质较粗，捏塑的各部位则用细泥，外皮打磨光滑，颜面呈鲜红色，唇部涂朱。头的后半部分断缺，但较平齐，应为贴附于墙壁所致。在头后断裂面的中部可见一竖立的木柱痕，直径 4 厘米，由颈部直通到头顶部，上有包扎禾草的痕迹。此即塑像时所用"骨架"。头像为方圆形扁脸，额部宽而平，圆而隆起，额上塑一突起的圆箍状饰，似与束发或头饰有关。耳前鬓角明显，鬓角部位塑有细而长的竖带，应为与头饰或帽饰一类有关的系带。眉弓不显，眼窝浅而平，双目则甚长，尖眼角，挺斜吊立，眼尾明显上挑，上下眼皮隐约可见。双眼内均嵌淡青色圆饼状滑石质玉片为睛，玉片直径 2.5 厘米，正面凸起，为睛面，经抛光，滑润而有光泽；玉片的背面平齐，面上显露出切磋加工留下的条痕，背面正中则琢出一细而短的玉钉，使整个睛体形如现代的图钉，从而可以牢牢嵌进泥塑的眼眶内。鼻梁低而短，鼻的下部残断，但在头像出土位置附近的冲沟扰动层里清理出一件人的泥塑鼻头，其胎土、色泽、比例、所残部位以至断茬都与头像鼻部残断处可结合，故断定属于此头

图四〇　牛河梁遗址女神庙女神头像正、侧面（J1B∶1）

像。此鼻头的鼻翼和鼻尖均呈圆头状，鼻底平，略微上仰，双
鼻孔浅圆。嘴较长，嘴角圆而上翘，上唇微张，唇沿薄，下唇
有贴面，贴物残缺。颧骨高起，脸颊随着上下唇的翘张而显露
笑态。下颌尖圆，双下巴，耳较小而宽平，上耳轮翘起，耳
腔、耳垂则甚小，耳廓形态被明显简化。左耳残断处尚存耳饰
的圆孔。整个脸面上部宽大而突出，下部从两侧、前端内收，
略呈俯视状（图四〇）。

　　我们曾对这尊头像的雕塑技法、人种特征、性别鉴定、体
态推测和艺术刻画，作过五个方面的分析[24]：

　　（1）雕塑技法。这尊头像及与之共出的人体塑件对了解女
神庙内塑像的一般情况，提供了一些重要线索：①这尊头像并
非单独的头部塑像，也非半身像，从伴出的其他残塑件判断，
应是一座全身塑像的头部。②这尊头像和据判断属于同一人像

的塑件，基本接近真人的尺寸，近旁还发现了相当于正常人体两倍和三倍的人体塑件，无疑属于大型塑像群体组合之一。③头像及相关的其他部分塑件，对人体各个部位都有真实、准确、细腻的表现，各部位间比例适宜，表现出固定姿态。④与一般人像陶塑，如喀左东山嘴遗址所出陶塑人像不同，此像纯为泥塑，且大而厚重，泥胎又堆塑多层，在当时能保持不裂、不塌、不变形，实属不易。

显然，这种大型人体全身塑像的塑造难度甚大。它们至少要经过以下几道工序：第一步是搭骨架。从头像后部断裂面的立柱痕迹看，应是以竖立的木柱为主支架，木架上以谷草一类植物包扎。第二步是选料并加工。塑土选用质纯、致密、粘性大、带红色的黄土。根据塑造需要，或加草秸一类掺和料。加工出成分、细度、颜色不同的粗泥、中泥和细泥。第三步是塑造。打样和初形的塑造是把粗泥堆塑在搭好的骨架上。较大的部位，采用分层包塑的技法。小部位采用中泥进行捏塑。然后用细泥作为表皮土，进行细部加工和修正。最后在表面打磨压光。第四步是彩绘和装嵌。主要在人体正面，尤其是比较突出的部位进行涂朱或彩绘装饰，眼内嵌睛。

对这尊头像和其他塑像残块的初步分析，可以说明：①这批塑像主要用圆雕手法。有的塑件后面可见附贴在墙壁或其他构件上的断裂面，不同于一般的浮雕或高浮雕做法；②已经具备了我国传统雕塑的基本工序；③雕塑技术已形成一定的规范化特点，应出自专业艺匠之手。

（2）人种特征。面部是确定人种特征的主要依据。这尊头像的脸形和眼、鼻等部位，形象逼真，特征明显，为鉴定其所属人种提供了第一手资料。脸为方圆形扁脸，颧骨突起十分明显，这是蒙古人种固有的一个主要特征。眼，斜立，为"吊眼"，上眼皮特别是眼内角有较发达的赘皮，眉弓不显，眼窝浅，是典型的蒙古人种的眼型。鼻，特别突出的是鼻梁低而短，鼻尖和鼻翼呈圆头型，鼻底平，鼻孔稍上翘，无鼻钩，具有蒙古人种鼻型特征。嘴部，上唇较长而薄，也属蒙古人种的特征。由此可见，这尊头像从面部所表现出的蒙古人种特征是明确的。

（3）性别鉴定。这尊头像的额部明显隆起，额面陡直，耳较小而纤细，面部表面圆润，眉弓不显，面颊丰满，下颌尖圆。这些都是女性面部的征象。此外，头顶的圆箍饰似为某种发饰，也与女性的装束有关。在头像近旁伴出的人体肩、臂塑件，女性特征也很明显。手臂的表面处理圆润、细腻，肩部线条柔和。尤其是共出的几例女性乳房，塑造真实。这些对识定头像性别应有参考价值。到目前为止，尚未发现具有明显男性特征的人体塑件。据此，我们推定这尊头像是一女性塑像的头部。

（4）体态推测。对此人头像及伴出残碎人体塑件尚未进行复原工作，还不能一一断定它们是否属于同一个体。尤其是下肢塑件的发现尚很缺乏。可以据此推测体态的伴出标本如下：①手部塑件，共两件。一为伸掌状，五指展开，比例过大，表面较粗糙，与头像非属一个个体。一为握拳状，拇指张开，四指紧握，比例相当于真人大小，塑造很精细，且属女性手，但因位在主室北侧，尚不能断定与头像的关系。这两个手的塑件有一个共同特征，即下面都有一平面塑块作依托，手都作按抚状。这种动作形态往往与人像的坐式姿态相一致，而不是立式姿态所应具有的。②腿部塑件。从附近沟内所采集到的若干残块看，比例均较大，与这尊头像不属一个个体。从其大腿和小腿部分的弯曲形状分析，可以肯定为坐式，而且以双腿盘坐为基本姿态。另在发掘南单室时，也发现了大型人像盘坐的迹象。其旁设有特塑的方形土台残块，可进一步补证。

还可以参照东山嘴遗址所出土的那两类中、小型陶塑人像的体态来推测牛河梁女神庙此类人像的体态和姿势。东山嘴中型陶塑人像残块皆为盘坐式，右腿盘架于左腿之上，右脚心朝左，盘于左腿之上，左腿的脚心则朝右。很明显，这是当时流行的一种固定的坐式。两尊小型孕妇塑像姿态相同，从下面看，似为站立的姿势，但从侧面却可看到，上身微向前倾，膝部则稍弯曲，又非完全的直立姿势，而背面突起的臀部和大腿的后部，各形成一个平面，两个平面的夹角近于90°，并有附着的支撑物留下的痕迹。很显然，这种小型孕妇塑像原来是坐在某类支撑物上的。由此可知，东山嘴遗址的这两尊孕妇小像并不是立式，而是一种"倚坐式"的姿态。

由此推测，牛河梁这尊头像的体态也应是坐式，至于是盘坐式还是倚坐式，尚待进一步发掘时证实。

（5）艺术刻画。这是此尊头像最耐人寻味的部分。人们可以从不同的角度进行鉴赏。这尊头像首先是高度写实的，又运用各种手法来神化，尤其着重于面部的艺术刻画。既强调外形轮廓的健美柔和，更追求内在神态的情感流露。为此，在构图、造型侧重写实的基础上，对其神态恰如其分地加以了艺术变形和夸张。这在头像的五官部位，尤其是眼、嘴和面颊的塑造上有集中体现。

先说眼。古语云"眼为心声"。对眼睛的塑造处理，对眼睛的传神刻画，是古往今来艺术家们揭示人物精神面貌的关键所在。这尊女神头像的作者充分意识到这一点，在眼睛的处理上独具匠心。首先是将眼眶放大，两眼角的距离为 6.2 厘米，两眼皮间最宽为 1.3 厘米，比例较真人的眼眶要大得多。由于处理得当，主要是其部位夹于高起的额下和鼓出的面颊之间，故给人的直感是比例适当。其次是眼眶斜吊，两个眼角上下直线距离近 1 厘米，这就极大地增添了神化效果。尤其是眼球的处理独以玉为睛，深深嵌入斜立的大眼眶中心，使炯炯有光的眼神一下子迸发出来，更是神来之笔。

嘴部是感情流露的所在。对这尊头像嘴部的塑造，亦刻意求工，主要是加以夸张，使上唇外翘，富于动感，嘴角圆而上翘，唇缘肌肉似掀动欲语，流露出一种神秘感。

面颊的塑造与嘴部紧紧相连，主要是随着嘴部的掀动开张带动两颊面的瞬间起伏，借以使面相产生异样的变化，给人以强烈的节奏感。

整个头像的塑造在写实基础上适当夸大，把传神、表情、动态融合一体，实现了艺术真实与生活真实的高度统一，真可谓形神兼备，出神入化。以这尊头像为代表的塑像群，规模宏大，形象逼真，神态夸张，雕塑艺术性极高。同时，以各类鸟兽动物神陪衬，并陈设造型考究的陶祭器。它们置于富丽堂皇的庙宇之内，为了解以往长期缺少考古实物的中国上古时期的宗教祭祀提供了一批极为珍贵的资料。目前仅局部试掘，就已获取一些重要信息。

3. 发达的祖先崇拜与宗庙雏形

这里要接触到一个新的研究领域，即史前宗教祭祀领域。这一领域的研究在世界考古学史上已有上百年的历史，但在中国还是一个新开拓的园地。因为中国史前遗址虽已发现上万处，发掘遗址几百处，但直到东山嘴和牛河梁遗址发现前的

80年代初，有关祭祀性遗存只有零星发现。其研究成果可引用张忠培在东山嘴遗址座谈会上发言所概括的"有些著作通过仰韶时期葬俗中的断指现象、埋葬在灰坑或房子地面下的满盛粟粒及盖着透空器盖的陶罐和绘在陶器上的某些彩色图案，对当时宗教的某些情景进行了探讨。在龙山时期的研究中，不少著作从诸如卜骨、陶祖及墓地中的石圆圈建筑探讨了当时宗教的一些内容。这些论述使我们了解到我国史前时期宗教的若干画面。东山嘴祭祀遗址的发现，为我国史前期的宗教研究扩大了视野，开创了新的领域"[25]。

就在东山嘴、牛河梁遗址发现的前后，各地史前文化陆续有祭祀遗迹或有关线索被辨识或发现。例如，在红山文化分布区内的兴隆洼、白音长汉、赵宝沟、后台子等地都陆续有早于红山文化的女性雕像出土，尤其是东北距牛河梁遗址仅60公里的敖汉旗四家子草帽山红山文化积石冢遗址出土有相当于人体三分之二的石雕人像头部残件（图四一）[26]。在内蒙古包头市阿善西台地遗址，也辨识出石堆祭祀性建筑[27]。在河南省濮阳县西水坡后冈类型遗址也出现了具有浓厚宗教性的蚌壳摆塑龙纹图案[28]。随着史前宗教祭祀性遗迹发现的增多，有关史前宗教方面的研究开展迅速。这对认识红山文化的祭祀遗存，无疑是一个推动。特别是牛河梁的女神庙发现后，由于这是最明确也最重要的一处宗教祭祀场所，是中国这个文明古国首次发现的史前"神殿"遗迹，故而为以往长期缺乏地下实物资料的中国上古时期的宗教提供了一批极为丰富的资料。由此可见，从对红山文化宗教祭祀的研究，到对中国史前宗教祭祀的思考，都在不断进入更深的层次。

东山嘴和牛河梁这两个遗址中的宗教祭祀遗存，都是以人

图四一　敖汉旗四家子草帽山红山文化积石冢出土石雕人像头部残件

物塑像为主的。既有不同类型的女神群像，又有不同层次不同规模的神居之所。不仅内容非常丰富，材料相当全面，而且多为形象化的实物，所以讨论的问题从一开始就集中到祭祀对象方面来，主要表现为对已发现的人物塑像的性质出现了两种不同的观点：一种观点以为是人格化的自然神，一种观点以为是祖先崇拜的偶像。

这场讨论开始于20世纪80年代初召开的东山嘴遗址现场会上。俞伟超的发言颇具代表性。他较全面地谈了对东山嘴遗址及出土女性塑像的看法。他以为圆形坛址及附近所出小型孕妇像是直接表示生育神的，可进一步引伸为祈求丰收的农神，堆放石块的长方形建筑址则是祭祀地母的场所[29]。在以后的论述中，他把包括东山嘴妇女陶塑像在内的新石器时代的生育神、土地神、农神和以动物为祖神，都视为史前人类万物有灵世界观的反映[30]。他和其他与会者认为这样一大片祭祀场所，不是一个氏族、甚至一个部落所能拥有的，而可能是一个部落联盟的集合地。也有人从东山嘴遗址所处险要的地势和所在立石遗迹，提出这可能是与祭祀山川有关的自然之神。由于东山嘴遗址所出都为女性孕妇像，多与欧亚大陆有关女神像相比较，并与原始社会的母系氏族产生联想。张忠培以为"女神占着重要地位的宗教，是和母权制联系在一起"。牛河梁遗址发现后，卜工著文以为东山嘴、牛河梁遗址所发现的女神像都是自然神的人格化，女神像是大地母神的化身。积石冢也不是一般意义上的墓葬，而是另一种形式的祭坛。表现出北方自然崇拜采取坛祭形式与中原地区新石器时代的自然崇拜采取"陷祭"形式之间的地域差别[31]。张星德则专从土地神的角度分析牛河梁的祭祀内容，以为女性雕像从旧石器时代以来就有同大地接触的特点，红山文化又拥有较为发达的农业，古史所记土地神"后土"和商代土地神都具有很高地位，所以牛河梁遗址是一处祭祀最高神土地神为中心的祭祀圣地[32]。王震中也以为东山嘴遗址为"社"[33]。张锡瑛从考古发现看原始宗教的发展过程，以为东山嘴和牛河梁已发展到顶峰，多神是司职分工的表现，并已出现了特殊的巫师阶层。不过，他也以为能够生育的女神可保佑自己部落的兴旺，并且保佑妇女生产的顺利，同时还衍生出农业的丰收和家畜的繁殖，是集诸多信念于一女神[34]。

最早提出祖先崇拜的是苏秉琦。如前所述，他在座谈东山嘴遗址的补充发言中将东山嘴、牛河梁遗址与附近殷周之际青铜器窖藏相联系，以为是大凌河上游广大地域的人们举行重大仪式的地方，并举出古人传说中的"郊"、"燎"、"禘"等祭祀活动。其中的"禘"，就是天子诸侯对始祖之祭[35]。我们在谈到牛河梁遗址女神庙时也明确提出祖先崇拜的观点，以为牛河梁遗址的女神像，作为崇拜对象是神化了的祖先形象，而围绕主神的多神崇拜已不是祖先崇拜的初级阶段，牛河梁是红山文化共同体崇拜共同祖先的圣地。还有人进一步与"高禖"相联系[36]。

这些讨论虽然都有待详细论证，但已涉及到史前宗教考古的新领域。考虑到中国自古以来就有以祖先崇拜为主的传统，与女神庙配套的积石冢有祭祀祖先亡灵的遗迹发现，女神像又极度追求写实，把这些情况综合起来分析，故而以牛河梁女神庙为更高层次的祭祖场所更为合适。

由于发掘技术条件尚在准备之中，牛河梁遗址的女神庙这几年并未进行发掘。不过，前几年初步试掘的材料和牛河梁、东山嘴遗址与女神像一起出土的祭坛、积石冢等遗迹，已具备了可以对红山文化的祭祀内容作进一步分析的条件。

首先要提出的是，这是对女神的崇拜。在上古社会，女神象征着生育，也象征着大地和收获。作为一个民族生命力延续的体现，女神受到广泛崇拜。女性雕塑形象从旧石器时代晚期到青铜时代早期，在欧亚非大陆以至中南美洲的古遗址和古墓葬中普遍有所发现。因为是人的形象，一直被社会历史研究者以至物质文化史研究者摆在首要位置进行研究。惟在中国，早期人物雕像直到70年代以前发现甚少，仅有的材料都属小型，塑造简略，而且多是以器物上的附件或附饰而出现的。至于女

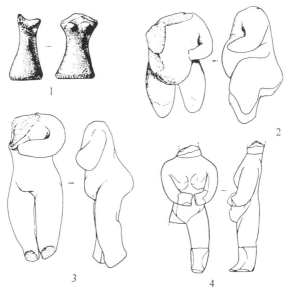

图四二　西水泉、东山嘴、牛河梁遗址陶塑人像残件

1.西水泉（H1：3）　2.东山嘴（TD8②：5）　3.东山嘴（TD9②：7）　4.牛河梁（牛5Z2：4）

性塑像，更是缺少典型而明确的标本。只有红山文化有所露头，那是1963年中国科学院考古研究所内蒙古工作队刘晋祥在赤峰市西水泉遗址发掘到一件小型人像残件。这件塑像出土于第一号灰坑，为泥质褐陶，半身，头部残缺，胸部乳房突起，下部周边刻画竖条纹，残高3.8厘米。发掘者认为属女性塑像，并发表了线图，但发表后并不引起注意，直到东山嘴和牛河梁遗址的发现，才引起普遍关注（图四二）。由于东山嘴和牛河梁的女性塑像都出土于宗教祭祀性遗址内，且成群成组出现，形象也更为明确。这就以确凿的考古资料证实，对女神的崇拜在我国上古时期宗教意识形态中同样占有主导地位。

其次，是围绕主神的群神崇拜。牛河梁女神庙现已掌握的六个个体的人像残件，由于只是庙的表层所见，应该只是庙中神像的一部分。即便如此，也已透露出又一个重要内容，那就是被崇拜的人的偶像并不只是一尊，也不是二、三尊，而是数量相当可观的一群，是多神崇拜。现在我们还不可能确指这群神各有什么特定的含义，甚至各自有什么具体的称谓，但是，显而易见的又一重要观点是这众神各自的地位并不是完全等同的，而是分层次的。仅就已出土的这六个个体残件之间相互比较，从规模上看，相当于真人三倍的只有一尊，相当于真人二倍大的也只一尊，其余都相当于真人原大，似已可分出规格依次的三个等级。与此相对应，从它们的出土位置看，它们之间的排列也是有秩序可寻的，而且是有主有次的。相当于真人二倍的一尊单独置于庙的西侧室，相当于真人原大的各尊则位于主室的四周和其他各室，惟有相当于真人三倍的大鼻、大耳位于主室的中央部位。这表明在多层次的众神中，有一尊主神。这尊主神个体最大，位置在庙的最中心部位，是整个神庙所要突出的主要对象。所以，这座女神庙具有围绕主神的多神崇拜内容。

再者，祭祀的性质是以祖先崇拜为主要内容的。史前社会的宗教崇拜大都经历了自然崇拜、图腾崇拜和祖先崇拜这三种崇拜形式的演化。一般认为是同原始氏族公社由形成、发展到解体的几个发展阶段相联系的。从牛河梁女神庙祭祀对象看，既有神化了的人的塑像，也有神化了的动物塑像，但以人形偶像——女神的祭祀为主要对象，动物神处于从属地位。这样的女神塑像，应是被神化了的祖先形象。为此，可以先将牛河梁女神庙的人物塑像与半坡、马家窑等遗址发现的大约同时期的人物塑像以及西亚等地史前期人物塑像作进一步比较。前者的比较结果是显而易见的。半坡、马家窑等遗址的人物塑像，从已发现的多件实例看，有的虽也流露出各种表情，有的还明显具有一定的宗教含义，但大都尚具有一定原始性，又多是以器物的附件形式出现的。这与牛河梁的女神塑像明显不同。牛河梁的女神像不仅比中国其他各地已见的塑像规模要大得多，塑造技术也要高超得多。更为突出的是，女神像在塑造技术和造型上已经完全摆脱了原始性，熟练地掌握了中国传统泥塑人体艺术的基本工序和技法。尤其是注重写实，如人体各部位比例讲究协调，面部形象与神态追求逼真，在高度写实基础上加以神化。将它与西亚一带史前已知标本的比较只能是初步的，突出的一点差别是西亚一带史前女神像有的为了充分体现对女性的崇拜，特意夸大了女性特征的一些部位，致使整个体态变形而造成比例不协调。这同牛河梁那种写实与神化相结合的女神像形成强烈反差。后者已不是随意而作，而是以对真人的模仿为基础的。崇拜偶像的这种区别意味着与崇拜内容的变化有关，即牛河梁的神像虽然也是女性，却已不再以女性及有关的生育、大地和丰收等内容的崇拜为主，而是转向对先人的崇拜为主。也就是说，已从对自然力的崇拜中超脱出来，具备了以对祖先崇拜为主的内容。如果把女神庙遗址放在整个牛河梁遗址组合中去考察，可能得出更为理想的结果。那就是牛河梁女神庙并非孤立存在，而是作为整个祭祀遗址群的一个组成部分，是庙与冢坛的结合。如前所述，牛河梁遗址的诸多积石冢都有规则而发达的地上建筑，由于叠起的石台阶都在边缘起层，冢顶就显得宽敞平坦，形成规整的方形或圆形，似兼具"坛"的性质。而在冢前（南）也常常发现有大面积的红烧土甚至红烧土质的建筑遗构。冢又与祭坛相配，表明在冢旁设祭在当时是相当盛行的。冢旁设祭，墓主人当然是主要祭祀对象，应是对祖先亡灵的祭祀。既然积石冢是祭祀祖先亡灵的，那么把环绕于积石冢之中的女神庙当作更高的祭祖场所也应是顺理成章的。只是女神庙与积石冢对祖先祭祀的形式和层次有所不同而已。处于牛河梁遗址群主要位置的女神庙对祖先的祭祀以偶像为主要对象，当然要比积石冢层次为高，是更高层次的祭祖场所。牛河梁女神庙所具有的围绕主神的群神崇拜，也已表明当时已进入祖先崇拜的高级阶段。

最后，女神庙的结构、布局已具宗庙雏形。女神庙坐落在牛河梁主梁顶部，但本身并不建在高台之上，甚至也未建在地面以上，而是典型的半地穴式的土木结构。庙的地下部分向下深入，竟然超过一般所见同时期的半地穴房址的深度。庙与聚落房址在结构上的这种基本一致性，就不只是建筑技术上的局限，主要是要体现以"人居之所"作为"神居之所"。这是神的人格化观念的又一忠实体现。这同诸神像强烈的写实性是完全一致的。当然，这种半地穴近于居住址的建筑基本结构和多室又连为一体的布局形式，也显露出一定的原始性和过渡性。庙的规模应该说也并不很突出，但在布局组合上就要复杂多了。它已不是一个单体建筑，在主体南侧意外地布置了一个横长的单室。虽然它们只是两个单元的简单组合，然而它们之间一主一次，以南北轴线布局的建筑群体所具有的基本格局已经形成。主体建筑本身更非单一的单体建筑，而是已可明确分出主、侧、前、后室俱全的多室，形成一种多室组合尚未完全分离出来的建筑群体。女神庙的这种主次分明、左右对称、前后呼应的复杂结构和布局，其规模和等级都远非史前时期一般居住址单间、双间、甚至多间房屋所能相比，而是已开后世殿堂和宗庙布局的先河。这正如《礼记·曲礼下》所记："君子将营宫室，宗庙为先，厩库为次，居室为后。"史前时期有一种呈"吕"字形的双间房址曾被建筑史界作为后世"前堂后室"的前身。牛河梁女神庙不仅各室间有了主次之分，而且已具备左右侧室，这又正符合"室有东西厢曰庙"（《尔雅·释宫》）的说法。所以，从建筑结构布局分析，牛河梁确已具宗庙雏形。

一般认为，中国历代都以体现人间血缘关系的祖先崇拜为祭祀主要内容。祖先崇拜如起源于父系氏族社会，进入阶级社会后宗庙已被视为政权象征。我国最迟到商代就已对祖先崇拜极为重视。卜辞所记对先公先王的奉祀是国家大事，礼繁而隆重，是商王至高无上地位和权力观念的体现。殷墟发现的大规模祭祀坑多为祭祖场所，但宗庙迄今无明确发现。二里头和周原也都曾发现过宗庙线索，也因无直接实证而不能确定下来。学界多认为商周时期对先公先王的祭祀是以设置木、石的祖位作为祖先神灵的替代物的，即以"宗"中之"示"作为神主象征。牛河梁女神庙发现的特殊重要之处在于既有明确的崇拜偶像——神像群体和神居之所——庙址，而且在庙的周围分布有积石冢群，是以庙为主，庙冢结合。如果说积石冢的墓祭是以祖先亡灵作为主要祭祀对象，那么女神庙祭祀主神并围绕主神的分层次的祖先偶像群，当是人世间已经制度化的以一人至高无上观念为主的礼制在宗教上固定化的表现，是更高层次的祭祖礼仪，是礼的升华。

还要特别提到的是，女神庙作为先祖偶像所居之所，总面积不到 100 平方米，最窄处仅 2 米。以如此窄小的空间容纳以大型神像群为主，包括动物神在内的丰富而庞大的内容，曾使人对它的功能产生怀疑。其实，这当显示原始宗庙在当时具有很大的封闭性和神秘性，在使用上也具有很强的专一性。因为在这样窄小的空间内活动的只能是极少数人，也就是说能够有资格进入庙内进行祭祖礼仪，并与先祖直接沟通的，只能是极少数特权人物，甚至只能是"一人"的事。这应是一人独尊和神权垄断的又一典型例证。这与古史所记"绝地天通"有着惊人的一致性。

当然，由于牛河梁女神庙内容非常丰富，除了人的塑像，还有动物神像，女神庙又与积石冢和祭坛相结合。这些表明当时除了对先祖的崇拜高度发达，也并不排除其他的宗教内容。冢与坛的结合，就可能说明当时祭祖与祭天是相配合的。所以，苏秉琦在提到祭祀先祖的"禘"的同时，也提到祭天地的"郊"和"燎"。张光直在论述中国古代沟通天地的祭祀礼仪时，以为神属于天。他在讲述商代巫者通天时，举商王行动之先举行占卜请示祖先为例，并论述了商代以宗庙为中心的圣都与俗都之间的区别和联系，也是把沟通天地的祭祀礼仪与祖先崇拜相联系的[37]。

同时，东山嘴遗址有方坛与圆坛之别，塑像有大小之分，牛河梁遗址也有类似的区别。这些说明对其间的功能也应有所区别。有人以为，小型塑像"不是供奉于神殿内的神坛上，可能是为到神殿来祈神的人们准备的，他们可以把小型雕像请回家中去供奉"[38]。不过，这种孕妇塑像都无头部，或许有其他特定的含义。大型塑像则正襟危坐，俨然是被顶礼膜拜的对象。牛河梁遗址的小型孕妇塑像出在积石冢中（第五地点二号冢）。它与女神庙的大型女神群像显然不是一个层次。后者不仅有近于写实的形象体态，而且有近于宫室的多室一体的神庙，内含复杂多样。作为更高层次的祭祖场所，同时兼有其他祭祀功能也是完全可以承担的。这说明红山文化的祭祀形式和内容，可能是多样的。为此，有从生育、丰收、大地母神崇拜来认识红山文化女神庙的功能，也很值得重视。

还要提到的是，在东山嘴和牛河梁遗址发现的同时，各地发现的有关宗教祭祀遗存中较有影响的是1987年5月在豫北濮阳市西水坡发现的仰韶文化墓葬蚌壳摆塑人兽形象。有研究者特别注意到其中的人兽结合的现象，联系从史前时代的良渚文化玉器到商周时期的青铜器上的人兽一起出现的实例，以为都具有沟通天地的意义，或更进一步提出与古史所记"三矫"相联系[39]。牛河梁女神庙遗址除人的塑像以外，也有动物塑像，是神化了的龙和禽类。有人以为这些神化了的动物与图腾崇拜有关，是女神庙属于自然崇拜的证据。不过，从牛河梁女神庙目前已发现情况看，人的塑像是主体，不仅数量多，而且分层次，处于庙的主要位置，而动物塑像虽也不只一类，且体形较大，但远不能与人的塑像相比，所处位置也在庙的边缘，明显处于附属地位。尤其是并未发现有人兽合一的迹象。当然，这些动物神作为崇拜对象，说明女神庙并非只进行祖先崇拜，而是既以祖先崇拜为主，又是与其他崇拜形式相结合的。

苏秉琦先生于1983年牛河梁遗址刚发现时在将坛庙冢的组合与古代帝王举行祭祀的"郊"、"燎"、"禘"相联系之后，1989年更明确地指出："'女神'是由五千五百年前的'红山人'模拟真人塑造的神像（或女祖像），而不是由后人想像创造的'神'。'她'是红山人的女祖，也就是中华民族的共祖。""共祖"之说是对牛河梁女神庙的精确定位，暗示着它在中华民族文化与文明起源中具有更深的含义。

（三）遗址布局——融于自然的人文景观

如前所述，牛河梁遗址不只一处或几处遗址，而是包括二十多个地点的遗址群体。它也不只一种或两种类型，而是有庙、有祭坛，有积石冢，还有台式建筑址等。那么，这些不同类型的遗址之间彼此有什么联系呢？也说是说，各遗址间是否有一定的分布规律呢？经对诸遗址点的相互关系并结合所在地理环境进行反复观察思考，已可确认这些散布于范围在50平方公里、直线距离在近万米的各个冈丘上的诸多遗址点，虽相距甚远，地形复杂多变，却并非孤立存在和随意而设，而是大有规律可寻。

1. 牛河梁遗址群的总体布局

牛河梁所在的努鲁儿虎山山谷，南北距离约5公里，东西距离约10公里。山谷内多道山梁以东北到西南走向为主，也有南北走向或东西走向的，地形起伏多变，山脊多有较宽的脊

背，又多冈丘。其南更有开阔的平川地带，是一块既可以自成
一体，又有延伸余地的建筑规划区域。在裸露的山岩间又有大
面积的黄土堆积。显然，红山人是有意识地精心选择了这块
"风水宝地"，巧妙地顺山势，定方向，将起伏多变的山梁、丘
冈，按高低、上下进行规划布置，使诸多遗址点间既有主次，
又相互联系，彼此照应，形成一个有机整体（图四三）。

首先，从第一地点的女神庙和大型山台看起。这是一道西
南到东北走向的山梁，女神庙和山台处于这条山梁的最东北一
端，也是最高的一端。在牛河梁遗址群中，女神庙的地位要高
于积石冢和祭坛，是整个遗址群的中心。女神庙和山台所在的

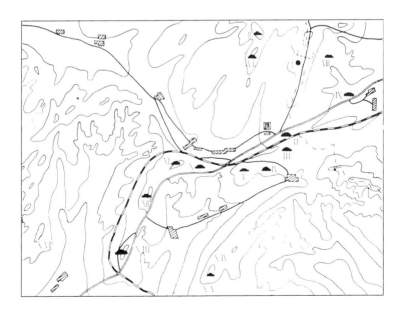

图四三 牛河梁遗址群总体布局

Ⅰ.女神庙 Ⅱ～Ⅻ、ⅩⅣ～ⅩⅥ.积石冢 ⅩⅢ.金字塔式巨形建筑址

第一地点是牛河梁诸条山梁的主梁。它们作为牛河梁遗址群的第一组中心建筑，自然也是整个遗址群规划设计的第一个重点。然而，值得注意的是，女神庙虽然具有多室一体、主次分明、左右对称、前后呼应的中国古代建筑的最基本特点，却并不是正方向的，其主轴线为南北向偏西，有 20°的偏角，正好与牛河梁地区山梁的基本走向相同。更值得注意的是，其北部的大型山台恰与女神庙保持着完全一致的方向。这显然不是偶然的，而是说明女神庙与山台是一体建筑，也表明了在女神庙布局时，确有这样一条南偏西 20°的主轴线。站在山台，顺着这条轴线的方向，也就是顺着山势的走向，向南远眺，首先映入眼帘的是远处的木栏山。此山主峰形状酷似猪首更似熊首，或可直称为"熊山"。从地图上测定，山与庙之间的直线距离超过 10 公里，虽然相距甚远，却南北遥相对应，有如近在咫尺。看来，当年在选择庙址时，已形成了与这座形似熊首的山峰相互呼应的想法，真可谓"熊山无意，女神有情"了。这也进一步验证了由女神庙布局的南北轴线对整个遗址群布局的意义。

其次，再看积石冢。牛河梁的积石冢在女神庙和山台的四周都有分布，但几座规模较大的冢群都坐落在庙台和熊山之间南北轴线的两侧附近，或者准确地坐落在轴线之上，如第二地点的五冢一坛、第五地点的双冢一坛。这两处冢群不仅规模大，结构复杂，布局多变，而且分布成群又相对密集，位置显要。奇特的红山文化玉器大都出在这几个大冢内。这是牛河梁遗址群的第二组中心建筑。第二组建筑与第一组建筑以轴线由东北向西南相连，就形成了庙台——冢坛这两组建筑群对照的形势，并由此向熊山延伸，其他各个遗址点则都围绕着这条轴线和这两组中心建筑群布置。

在考察牛河梁遗址群的整体布局时，第十三地点转山子遗址的确认起到了画龙点睛的作用。这座牛河梁遗址群中规模最大的单体建筑，位置在远离女神庙的牛河梁遗址群的西南部。这就正好填补了从庙台经坛冢到熊山之间距离过远的一块空白，使这条轴线更显匀称。不过，更直接地由这座金字塔式巨型建筑址而联想到遗址群分布规律的，却是转山子遗址周围的环境。转山子遗址的两侧，其西北方向可见第十六地点积石冢，其东南方向可见第十四地点、第十五地点，第十五地点为积石冢，第十四地点则是一座红山文化的石砌基址。从地图上看，从第十六地点经第十三地点，到第十四、十五地点，三个地点是连成一线的，而且从第十六地点到第十三地点的直线距离是 1000 米，从第十三地点到第十四地点的直线距离也是 1000 米。这显然不会是偶然的巧合。尤其是这条连线与遗址群的轴线正好在第十四地点相交，交角接近于 90°。这就进一步证明了牛河梁整个遗址群确实是以一条南北轴线作为规划布局的标准的，从而也把各个遗址点相互连接到一起，形成了一个有机的完整的整体。

2."坛庙冢"三位一体的组合规律

牛河梁遗址群总体布局的又一特点是"坛庙冢"三位一体的组合。除了前面已经论述的冢坛结合，最为重要的是庙与墓的组合。因为它所涉及的对祖先的祭祀方式，是中国传统礼制中的一个核心问题。

说起牛河梁遗址庙与墓的关系，不能不再一次牵涉到史学界关于"古不墓祭"的讨论。汉代以来"古不墓祭"之说，作为中国古代礼制的一项重要内容，本来在历代就有不同看法。

70 年代前后，随着河北省平山县战国时期中山王陵陵上建筑
及出土的"兆域图"所绘陵上设置享堂式建筑的制度和时代更
早的河南安阳小屯殷商妇好墓的墓上建筑基址的考古发现以及
较早发现的河南省辉县固围村战国魏王陵上的建筑址，这一问
题又重新提出[40]。红山文化积石冢在冢上作坛、冢坛结合和
冢前有祭祀遗迹的现象，都应是以墓主人为祭祀对象的祭祖活
动的实证。而冢坛与庙的组合则把这一制度在史前的出现提高
了一个层次。

关于"庙"和"墓"的关系，是中国礼制中变革最多的一
个内容。据巫鸿研究，庙与墓的关系大致经历了由三代分立，
从东周到东汉的逐步结合，再到魏以后的又分立的演变过
程[41]。于倬云则从"庙"字型的演化，是由籀文中的"庿"
到"庙"，"庿"字是用会意方式组成的文字，表现为草木丛生
的田野间坟墓附近所盖的房子，"庙"则表明庙已迁入朝中，
从而说明三代以前的宗庙是与坟墓在一起的，并以牛河梁女神
庙与积石冢群的结合为例证[42]。如前所述，由于红山文化积
石冢结构具有祭祀功能，那么其祭祀对象应是墓主人，是对祖
先亡灵的祭祀，而女神庙的祭祀对象则是祖先的偶像，是祖先
偶像与祖先亡灵相结合的祭祀形式和内容。而且不仅于此，上
古时代的宗庙同时具有政治中心的功能，是政权的象征。这又
涉及到庙与"都"、"宫"的关系。据《左传·庄公二十八年》
记载"凡邑，有宗庙先君之主曰都，无曰邑"，但牛河梁尚未
有与坛庙冢相应的都邑遗址的明确发现，大约同时期可供参照
的有关遗迹是甘肃省秦安大地湾仰韶文化晚期"坞壁"中心的
一座大房子，面积达 400 多平方米，可分出前堂、后室和左右
侧室，已具原始殿堂的规模和布局特点[43]。不过，牛河梁女

神庙北侧紧靠的人工砌筑边缘的大型山台，面积达 4 万平方米。作为与女神庙一体的建筑，为在牛河梁遗址群范围内寻找与冢、庙相配的其他设施提供了重要线索。

3. 自然景观与人文景观的巧妙结合及其人文意义

牛河梁遗址群以三组建筑为主的规划布局，既主次分明，又相互联系，彼此照应，形成以女神庙为中心，以金字塔式巨型建筑为前沿，以诸多积石冢为环围，有主轴、有两翼、有呼应的大规模礼仪性建筑群体。最为令人惊叹的是，牛河梁遗址群的这一严格布局竟是以与当地自然地理环境完全和谐一致而实现的。这除了女神庙的选址是以向南遥对的那座酷似熊首的"神山"为标志，从而形成遗址群的主轴线，置有积石冢的诸冈顶的高度都十分相近。它们以漫延的山梁相连接，有的冈冢间距离也差距不大，彼此可以相望。其中金字塔式巨型建筑与东西两侧的积石冢所在的三个山冈，不仅近于等距，而且三点所连成的一线与遗址群的主轴线保持大致垂直的方向。这种大范围的人文景观与自然景观的巧妙结合和将人文景观融于大自然之中的奇特效果，已经超越了建筑群反映的以一人独尊为主的人与人的等级关系，而具有了人与自然的和谐关系的深刻含义，即包括人与天、地之间的关系在内，以至令今人身临其境也会产生一种"神地感"。这同遗址群所具有的以祭祀祖先为主包括祭天地的功能也相一致。

对此，张光直在研究中国文明起源特征及其与西方文明的差别时曾提出："中国古代文明中的一个重大观点，是把世界分成不同的层次，其中主要的便是'天'和'地'。"他还进一步提出："把世界分成天、地、人、神等不同层次，和不同层次的沟通，乃是宗教人物的重要任务。"他还引用《国语·楚语》中颛顼"绝地天通"的故事为例[44]。颛顼是中国上古时期的宗教领袖，其时代大约在五帝时代的前后期之间。据研究，五帝时代的前后期的划分，以距今五千年为界，考古文化相对应的是仰韶文化后期和龙山文化早期之间。红山文化距今在五千年前，相当于五帝时代前期，与颛顼活动的年代有大致吻合的一面。

红山文化时期已有了天、地、人的观念，还可以从牛河梁冢坛遗址的结构和祭祀功能找到进一步答案。例如，在牛河梁遗址的建筑规则中常可见到对"三"和方圆结合的运用。本来古人对数目"三"和方与圆在建筑上使用都是十分慎重的。东山嘴和牛河梁冢坛结合中的坛大都是圆形。牛河梁祭坛的三层圆结构，与它酷似的就是明清北京城天坛的圜丘，那是皇帝祭天的场所。牛河梁第二地点四号冢的地上建筑更有方有圆，方圆结合，或前方后圆，或方圆依次叠置，基本上是下方上圆。东山嘴建筑群则是南圆北方。据《日下旧闻考》所载："古者祀天于圜丘，祭地于方丘（方泽）。圜丘者，南郊地上之丘，以象天也。方丘者，北郊泽中之丘，丘方而下，以象地也。"据此，有人认为东山嘴南圆北方的建筑布局已是天圆地方观念的反映[45]。

更有人对牛河梁第二地点第三单元的三环形祭坛的祭祀功能作过进一步分析。冯时提出：牛河梁第二地点第三单元的三环形祭坛，其外环直径为 22 米，内环直径为 11 米，外环直径正好等于内环直径的二倍。这应当不是偶然的巧合。可进一步作证的是中环的直径为 15.6 米，如分别以中环直径作为分母和分子，就可将内、中、外三环直径构成一等比数列。这一现象与《周髀算经》七衡图的内、外衡的关系是相一致的。由此，他提出牛河梁的三环石坛表示了分至日的太阳周日视运动轨迹[46]。如果是这样，则可进一步说明牛河梁三位一体的组合确实是在祭祀先祖的同时，也在举行祭天地的礼仪，祭祖与祭天地是结合在一起的。前述在牛河梁遗址刚发现时，苏秉琦就将这一发现与附近殷周之际青铜器窖藏相联系，提出"远在距今五千年到三千年间，生活在大凌河上游广大地域的人们，是否曾经利用它们举行重大的仪式，即类似古人传说的'郊'、'燎'、'禘'等祭祀活动？这是值得深入研究的"。看来，牛河梁有着中国传统建筑布局的大范围"坛庙冢"遗址群及其与自然环境的和谐关系，都已涉及到中国古代礼制中重大的一些礼仪活动的形成和发展演变问题。

注　释

[1] 佟柱臣《牛河梁彩陶遗址》，《建国教育》1943 年。

[2] 李恭笃《辽宁凌源县三官甸子城子山遗址试掘报告》，《考古》1986 年第 6 期。

[3] 辽宁省文物考古研究所《辽宁牛河梁红山文化女神庙与积石冢群发掘简报》，《文物》1986 年第 8 期。

[4] 辽宁省文物考古研究所《辽宁牛河梁第二地点一号冢 21 号墓发掘简报》，《文物》1997 年第 8 期。

[5] 辽宁省文物考古研究所《辽宁牛河梁第二地点四号冢筒形器墓的发掘》，《文物》1997 年 8 期。

[6] 魏凡《牛河梁红山文化第三地点积石冢石棺墓》，《辽海文物学刊》1994 年第 1 期。

[7] 辽宁省文物考古研究所《辽宁牛河梁第五地点一号冢中心大墓（M1）发掘简报》，《文物》1997 年第 8 期；辽宁省文物考古研究所《辽宁凌源市牛河梁遗址第五地点 1998～1999 年度的发掘》，《考古》2001 年第 8 期。

[8] 李恭笃《辽宁凌源三官甸子城子山遗址试掘报告》，《考古》1986 年第 6 期。

[9] 牛河梁遗址第十六地点第 4 号墓详见《中国文物报》2003 年 9 月 5 日第一版。

[10] 中国社会科学院考古研究所编著《殷墟妇好墓》，文物出版社 1980 年版；河北省文物研究所编著《鼍墓—战国中山国国王之墓》第二章第二节，文物出版社 1996 年版。

[11] 陈星灿《红山文化彩陶筒形器是陶鼓考》，《北方文物》1990 年第 1 期。

[12] 杨虎《关于红山文化的几个问题》，《庆祝苏秉琦考古五十五年论文集》，文物出版社 1989 年版。

[13] 内蒙古文物考古研究所《克什克腾旗南台子遗址》，内蒙古文物考古研究所魏坚主编《内蒙古文物考古文集》第二辑，大百科全书出版社 1997 年版。

[14] 尚晓波《牛河梁红山文化遗存丧葬习俗初探》，《青果集—吉林大学考古专业成立二十周年考古论文集》，知识出版社 1993 年版。

[15] 张忠培《仰韶时代——史前社会的繁荣与向文明时代的转变》，《故宫博物院院刊》1996 年第 1 期。

[16] 严文明《略论中国文明的起源》，《文物》1992 年第 1 期；《中国王墓的出现》，《考古与文物》1996 年第 1 期。

[17] 方殿春、刘葆华《辽宁阜新县胡头沟红山文化玉器墓的发现》，《文物》1984 年第 6 期。

[18] 内蒙古文物考古研究所《内蒙古林西县白音长汗新石器时代遗址发掘简报》，《考古》1993 年第 7 期；郭治中《红山诸文化的构成及相互关系》，《中国文物世界》第 179 期。

[19] 李延祥、韩汝玢、宝文博、陈铁梅《牛河梁冶铜炉壁残片研究》，《文物》1999 年第 12 期。

[20] 杨虎《辽西地区新石器——铜石并用时代考古文化序列与分期》，《文物》1994 年第 4 期。

[21] 郭大顺《赤峰地区早期冶铜考古随想》，内蒙古文物考古研究所李逸友、魏坚主编《内蒙古文物考古论集》第一辑，中国大百科全书出版社 1994 年版。

[22] 辽宁省文物考古研究所《辽宁牛河梁红山文化"女神庙"与积石冢群发掘简报》，《文物》1986 年第 8 期。

[23] 华玉冰《牛河梁女神庙平台东坡筒形器群遗存发掘简报》，《文物》1994 年第 5 期。

[24] 孙守道、郭大顺《牛河梁红山文化女神头像的发现与研究》，《文物》1986 年第 8 期。

[25] 俞伟超、严文明等《座谈东山嘴遗址》,《文物》1984 年第 12 期。

[26] 承德地区文物保管所、滦平县博物馆《河北滦平县后台子遗址发掘简报》,
《文物》1994 年第 3 期;中国社会科学院考古研究所内蒙古工作队《内蒙古
敖汉旗赵宝沟一号遗址发掘简报》,《考古》1988 年第 1 期;郭治中、包青
川、索秀芬《林西县白音长汉遗址发掘述要》,内蒙古文物考古研究所编
《内蒙古东部区考古学文化研究文集》,海洋出版社 1991 年版;《敖汉旗发现
红山时期石雕神像》,《中国文物报》2001 年 8 月 29 日收藏鉴赏周刊第 33
期。

[27] 包头市文物管理所《内蒙古大青山西段新石器时代遗址》,《考古》1986 年
第 6 期。

[28] 濮阳市文物管理委员会、濮阳市博物馆、濮阳市文物工作队《河南濮阳西水
坡遗址发掘简报》,《文物》1988 年第 3 期。

[29] 俞伟超、严文明等《座谈东山嘴遗址》,《文物》1984 年第 11 期。

[30] 俞伟超《先秦两汉美术考古材料中所见世界观的变化——1987 年初夏〈中
国美术史·秦汉篇〉讨论会上的讲话》,《庆祝苏秉琦考古五十五年论文集》,
文物出版社 1989 年版。

[31] 卜工《牛河梁红山文化祭祀遗址及相关问题》,《辽海文物学刊》1987 年第 2
期。

[32] 张星德《红山文化女神之性质与地位考》,《辽海文物学刊》1995 年第 2 期。

[33] 王震中《东山嘴原始祭坛与中国古代的社崇拜》,《世界宗教研究》1988 年
第 4 期。

[34] 张锡瑛《红山文化原始宗教探源——原始宗教考古研究之二》,《辽海文物学
刊》1993 年第 1 期。

[35] 苏秉琦《我的几点补充意见》,《座谈东山嘴遗址》,《文物》1984 年第 11
期。

[36] 孙守道、郭大顺《牛河梁女神头像的发现与研究》,《文物》1986 年第 8 期;
张博泉《对辽西发现五千年前文明曙光的历史蠡测》,《辽海文物学刊》1987
年第 2 期;付朗云《牛河梁女神庙族属考》,《北方文物》1993 年第 1 期。

[37] 张光直《商周神话与美术中所见人与动物关系之演变》,《中国青铜器时代》,
生活·读书·新知三联书店 1999 年版;张光直《考古学专题六讲》第六讲,
文物出版社 1986 年版。

[38] 张锡瑛《红山文化原始宗教探源——原始宗教考古研究之二》,《辽海文物学
刊》1993 年第 1 期。

［39］张光直《濮阳三蹻与中国古代美术上的人兽母题》，《文物》1988 年第 11 期。

［40］杨宽《先秦墓上建筑和陵寝制度》，《文物》1982 年；杨鸿勋《关于秦代以前墓上建筑的问题》，《考古》1982 年第 4 期；杨宽《先秦墓上建筑问题的再探讨》，《考古》1983 年第 7 期。

［41］巫鸿《从"庙"至"墓"》，《庆祝苏秉琦考古五十五年论文集》，文物出版社 1989 年版。

［42］于倬云《故宫三大殿形制探源》，《故宫博物院院刊》1993 年第 3 期。

［43］甘肃省文物工作队《甘肃秦安大地湾 901 号房址发掘简报》，《文物》1986 年第 2 期。

［44］张光直《考古学专题六讲》第一讲，文物出版社 1986 年版。

［45］刘晋祥在东山嘴遗址座谈会上的发言，《文物》1984 年第 11 期。

［46］冯时《红山文化三环石坛的天文学研究——兼论中国最早的圜丘与方丘》，《北方文物》1993 年第 1 期。

四　东亚史前玉文化中心之一

玉器是红山文化一大内含。红山文化玉器在查海——兴隆洼文化玉器发展的基础上，跨进了一个飞速发展的阶段。

（一）红山文化玉器研究的新进展

近三十年来对红山文化玉器的研究，可以大体分作三个逐步深入的阶段加以叙述：

第一阶段，赛沁塔拉大玉龙及有关玉器的鉴别。

笔者第一次看到这件大玉龙是 1975 年于内蒙古翁牛特旗文化馆。当时惊奇于它的体型硕大，神态飞扬，玉质纯正，尤其是造型和工艺手法极其独特，前所未见。曾议论可暂时定为商周，但与所知商周玉器特征并不相同，更为当地商周时期所不见。此后，孙守道对这条罕见的大玉龙的时代与特征，从几方面进行了分析比较[1]（图四四）。首先将它与商代玉龙进行了多方面的比较。商玉龙多有角有耳，而此玉龙无角无耳；商玉龙背上多起脊，无鬃，而此玉龙不起脊，却有脊饰飘扬高举；商玉龙有眼有睛，多呈臣字眼，而此玉龙则有眼无睛，眼呈梭形；商玉龙鼻端多呈尖圆形，而此玉龙则截平，钻刻并列鼻孔二；商玉龙口张齿露，似虎，而此玉龙口闭吻长，似豕；商玉龙额上正中常有一菱形纹，颚下无纹，而此玉龙却在额部和颚下同时刻有罕见的方格网状纹；商玉龙身尾满刻菱形或回

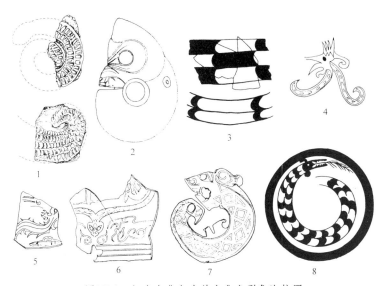

图四四　红山文化与有关文化龙形象比较图

1.查海遗址浮雕龙　2.红山文化玦形玉龙　3.红山文化彩陶龙鳞纹　4.夏家店下层文化彩绘龙纹　5.6.二里头遗址刻划龙纹　7.妇好墓商代玉龙　8.陶寺遗址朱绘龙纹

字形鳞纹，而此玉龙全身光素无纹；商玉龙如有足爪，常为上肢的二足爪，而此玉龙无足无爪；商玉龙的龙体一般多扁平或作方棱形，而此玉龙为椭圆形。

从以上比较可知，赛沁塔拉大玉龙要比商代玉龙更为原始。比商代玉龙时代更早、形象明确的龙，当时所知有二里头文化、夏家店下层文化和陶寺文化龙，可再作比较。

二里头文化中龙的形象，出于二里头遗址第三期，为刻划龙纹的陶片，共两种：一种为带爪龙，虽首尾不全，仍可见龙首上伸，巨目侧视，躯身左曲右盘，蜿蜒上行，背起脊如鳍，趾爪俱全；另一种为一首二身龙，龙头近于圆形，吻短而尖，眼作目字形，额上有菱纹，龙身似蛇，满饰链状鳞纹，头则无角。二里头这两种龙的形态，较商代龙为简朴，粗率，却较赛沁塔拉玉龙为成熟[2]。

与二里头文化大约同时的辽西当地古文化已有龙的形象出现。那就是夏家店下层文化的彩绘龙，主要见于内蒙古敖汉旗大甸子墓地。能够辨认的可举出两种：一种为黑陶罐（瓿）上的彩绘龙形图案，形如夔龙，躯体伸直，昂首前行，身涂白，眼或点朱，带黑瞳孔，吻长突，翻卷如钩，尾亦上下勾卷，很似商代青铜器上的夔龙纹，也已是相当概括的传统龙形象；另一种为磨光黑陶鬲上彩绘的一首二身龙，与二里头的一首二身龙相比，此彩绘龙的龙首为侧向，有目，其下双身作"几"字状分开，配色以朱眼、白首、黑躯，饰白边回状鳞状，此龙除眼部以外，耳口吻鼻皆已抽象化[3]。夏家店下层文化龙既有图案化的夔龙纹，龙身出现鳞纹，还有一首二身龙，已很接近商代龙，也较赛沁塔拉玉龙为成熟。

可以进行比较的还有山西陶寺龙山文化墓地出土的彩绘龙。此为绘于陶盘内的蟠龙纹[4]。这是早于二里头时期的龙形象的一个重大发现。如与商代铜盘上的蟠龙纹相比，其间差异虽有不少，然从总体形态看，前后承接脉络是十分清楚的，可视为以上几种龙的前身。值得特别注意的是，陶寺蟠龙纹为由外向内蜷曲，这种形态不同于商代青铜器中蟠龙的那种由内向外蜷曲，而是与赛沁塔拉大玉龙的蜷曲形态相近。其他相近之处还有头上无角，背不起脊，躯体如蟒似蛇。从龙首造型看，赛沁塔拉龙要比陶寺龙简朴、原始。

二里头遗址和夏家店下层文化遗址都已进入夏代纪年，时代上限超过距今四千年，已与新石器时代相衔接。陶寺龙山文化的上限则超过距今四千五百年，已与仰韶文化晚期相衔接。如果赛沁塔拉玉龙年代早于以上三类文化，那么它就可能是早于龙山文化的五千年前的产物。在辽西地区，相当于这一时代的是红山文化。然而，红山文化当时是被视为受中原影响的一支边远地区的古文化，它可能拥有这种造型工艺都已相当进步的大型玉龙吗？问题的提出促使人们去作进一步的追溯。

以上是从考古类型学上比较的结果，真正要解决玉龙的年代问题，还要从考古学上进行工作。我们曾到大玉龙出土地进行调查，那里附近发现的红山文化遗址曾给我们以启发，但已无确切的地层关系可以作证。不过，就在赛沁塔拉大玉龙发现不久，在辽西接二连三地发现了与玉器出土有关的几处红山文化遗址，使人们对这类玉器的认识进入一个新阶段。

胡头沟、东山嘴、三官甸子红山文化遗址与墓葬及有关玉器的发现，是人们认识红山文化玉器的第二阶段。

胡头沟遗址位于大凌河支流牤牛河左岸。1973 年，当地文物部门从这里收集到一批包括龟、鸟在内的玉器，经现场调查清理，得知为河崖冲出的一座石棺墓所出。墓距地表深 4.5 米，石棺墓的上部近于地表处有一直径 13.5 米的人工砌筑的石头圆圈，石棺墓的位置正好在石圈的正中央下方。尤其引人注意的是，在石头圈以下和紧贴石圈有一排与石圈走向一致的筒形陶器。这种筒形陶器全无底部，极为独特，为泥质红陶，且多绘有黑彩，已具红山文化特征。但石圆圈、陶筒形器、出玉器的石棺墓这三者之间有没有关系呢？按一般的田野考古方法一时很难辨认这一考古现象。但具红山文化特征的陶筒形器群与石圆圈的走向完全相同以及石棺墓位于石圈中心部位却令人不能不将这三者联系起来考虑问题。此外，还在附近清理出一座多室石棺墓，其中出有一件三联玉璧和两件绿松石质的鱼形耳坠，虽也都前所未见，却也位于石围圈以内[5]。

相近的现象于 70 年代末再次在辽西被发现。1979 年，辽宁省的文物普查首先在辽西开展，红山文化和红山文化玉器是这次普查的一个重点。喀左县东山嘴和凌源县三官甸子这两处红山文化遗址都是在这次普查中被发现的。

东山嘴遗址的石砌建筑址内外，与陶塑人像、特异型陶器一起，不断有玉器出土。其中那件龙首形玉璜和绿松石质玉鸟都出于方形石砌建筑址内。龙首形玉璜，形体很小，却将两端雕成龙头形。那件展翅的鸟形饰件，不是玉质，而为绿松石质，正面展翅的鸟形和刻纹均匀而准确。东山嘴遗址比较单纯，无任何晚期扰动，玉器当属红山文化无疑。有趣的是，东山嘴出土的双龙首形玉璜，龙首前伸，吻部特长，与赛沁塔拉大玉龙的首部十分相近，而那件绿松石质鸟形饰件正面展翅的造型与胡头沟墓地所出玉鸟相近，其所选用的以天然黑色石皮为衬地的薄片状绿松石料又与胡头沟发现的鱼形耳饰质料相同。它们之间的相互印证，都同红山文化进一步联系起来了[6]。

凌源三官甸子遗址是在 1979 年与东山嘴大约同时被发掘的。这座遗址的地理形势与东山嘴相近，也在一高山岗的顶部。在这处山岗的正中，发掘到一座十分完整的大型石棺墓，即以后编入牛河梁遗址群第十六地点的第 2 号墓。墓内出土玉器达九件。墓葬的上部出土了大量红山文化陶器，其中的彩陶筒形器与胡头沟、东山嘴所见陶筒形器相同，彩陶图案种类更为繁多。玉器中的勾云形玉器、玉镯、玉鸟等见于胡头沟墓葬中，自然也应与红山文化相联系来考虑它们的时代问题。不过，这个地点除红山文化以外，还是一处夏家店下层文化城址的所在，包括那座石棺墓在内的红山文化遗存被夏家店下层文化严重扰动，遂此存疑点[7]。不过，这三处遗址的发现，因都找到了玉器出土的具体单位，且进行了科学的田野考古工作，这就为红山文化玉器的最后确定作了铺垫。

红山文化玉器的最终确定是对牛河梁遗址的发掘。这是红山文化玉器认识的第三阶段。

牛河梁遗址就是因为寻找附近收集的玉器的具体出土地点而最终被发现的。那是1981年4月文物普查时，得知当地群众收集有玉器，遂到现场调查。1983年和1984年，经正式考古发掘，确定这里的红山文化墓葬为积石冢性质，玉器就是这些积石冢墓葬中的主要随葬品。那两年在积石冢墓葬中正式发掘出土的红山文化玉器，最终确定了红山文化玉器的年代。其中首推第二地点1号冢第4号墓的发掘[8]。这是一座规模并不大的石棺墓，位置也排列在诸多中小墓的行列之中，墓内随葬玉器数量也不多，仅为三件，却正是我们当时急切需要得到明确出土关系的红山文化玉器中最具代表性的玉类：斜口筒形玉器和玉雕龙。此墓完整无缺，无任何扰动，玉器出土位置和状态明确无疑。尤其是两件玉雕龙的出现，更令人振奋不已。它们挂在墓主人胸部，一左一右，背靠背，相依相对，晶莹光泽，十分可爱。至此，有关红山文化玉器的年代终于可以"一锤定音"了。

此后，在牛河梁十三处积石冢中，除了继续对第二地点积石冢进行重点发掘外，我们还选择了第三、五号地点作了发掘。阜新胡头沟墓地也将残存的积石遗构揭露出来，内蒙古赤峰市的敖汉旗四家子、林西县白音长汗和河北省平泉县也都找到了红山文化的积石冢墓葬，白音长汗的积石墓还出土了玉器[9]。这样，对红山文化积石冢的分布、布局、结构和玉器的种类及出土状态等，有了较全面的掌握，也不断有了新的认识。

在回顾红山文化玉器研究史时，不能不提到海外学者主要是港台学者的研究成果。从红山文化玉器的发现与研究一开始，海外学者就给予了极大的热情与关注。早在 1985 年 2 月，由台湾故宫博物院邓淑苹编辑出版的《中华五千年文物集刊·玉器篇》就介绍了上一年《文物》第 6 期有关红山文化玉器发现的材料[10]。同年，杨建芳在香港出版的《中国文物世界》第 8 号上，也以《红山文化玉器——前所未见的中国史前古玉》为题介绍了这批玉器[11]。他们在介绍和分析中都特别注意红山文化的动物形玉，尤其是龙形玉，认为与商代动物形玉雕的来源有关，并与商文化起源于东北说相联系。杨建芳还特别强调了红山文化玉器的自身特色，认为"玉龙、兽形玉环、勾云纹佩饰及圆筒形玉器，都不见于其他史前玉器，这一事实充分说明红山文化玉器决非受其他地区玉作的影响而产生，恰好相反，是辽宁西部和内蒙古东部的'土特产'。"

在此后不断升温的玉器热、特别是史前玉器研究热潮中，红山文化玉器不仅以其时代早、分布地区远离中原、风格独特又近于商周玉、特点较易掌握而继续吸引着越来越多的研究者和玉器爱好者。尤以其造型难以捉摸，内含文化层次极深而令人不断深入探索下去。先是海外早年收藏的红山文化玉器被纷纷予以介绍。接着，夏商周时期出土的具有红山文化玉器特征的玉器也不断被分辨出来。例如，内蒙古敖汉旗大甸子和北票县丰下这两处夏家店下层文化墓葬和遗址所出的红山文化玉器、安阳殷墟妇好墓所出勾形玉器、北京琉璃河西周燕国墓葬所出勾云形玉器、三门峡西周晚期到春秋早期虢国墓地所出红山文化式玉器等[12]。

目前，对红山文化玉器的研究集中于以下几个方面：

（1）玉料的来源。先前以为红山文化玉料应为就地取材，因为距离不远的辽东山区有岫岩玉矿。一般认为红山玉应属岫岩玉，即蛇纹岩，是一种似玉[13]。后经鉴定得知，红山玉主要为一种透闪石软玉[14]。于是，对红山玉料的来源出现多种看法：或仍坚持产地在岫岩，因岫岩老玉矿中曾有透闪石玉矿；或认为红山玉料来源在附近的医巫闾山，依据是《尔雅·释地》中有"东方之美者，有医巫闾之珣玗琪焉"，《尚书·顾命》中则有"夷玉"之说，《说文解字》将这两处记载相联系，曰"医巫闾之珣玗琪，周书所谓夷玉也"[15]。近又有贝加尔湖沿岸史前部落制作大量玉器，玉料为当地盛产的透闪石软玉的报道[16]。其质地、色泽近于红山玉，红山文化的分布又以向北部的蒙古高原最为强劲，或许可以考虑红山玉的来源与贝加尔湖地区的关系。当然，在红山文化分布区内及其邻近地区寻找红山文化玉器原料的来源，仍然是寻找红山文化玉器原料的重点。

（2）玉器概念的界定。牟永抗强调严格的玉器以砂为介质的间接磨擦法为主要制作方法，反映精神生活和社会意识，不仅在质料而且制作方法尤其是功能上都应与玉质工具区分开来。此说很有意义，是认识玉器特定概念所必须掌握的原则，对认识时代较早而与工具类分化已很明确的红山文化的玉器，尤其具有重要意义[17]。但也有人以为对玉器概念作这样原则的划分，失于偏狭。地质学者介入古代玉器研究，对于从自然科学角度认识玉料和衡量古人对玉料的选择起到重要启示作用。不过，有人以地质标准的玉来判断古代玉器和非玉器，进而将古人对玉判断的标准与现代地质科学对玉判断标准等同化，则并不完全准确[18]。红山文化对玉料的选择，既有等级之分，也有用途之分。牛河梁女神头像等级甚高，所用图钉式睛片，因制作难度大，选用质地较软的滑石为料，就很能说明这一点。对此，连照美曾在论述台湾卑南遗址玉器时有专节论及。这在考古界似已取得共识[19]。

（3）玉器的区系研究。就在红山文化玉器公布不久，它的总体风格与东南沿海另一个史前玉器中心的良渚文化玉器之间的明显差异就引起学界的极大兴趣。黄宣佩将中国史前玉器分为南北两大区，以红山文化为史前玉器分布的北区，良渚文化为史前玉器分布的南区[20]；邓淑苹则将中国史前玉器分为三区，以为以红山文化为主的北区应扩大为东区，包括了红山文化和山东地区的大汶口文化和龙山文化，在东南区则为良渚文化，在这两个区之外还应有一个以黄河中上游为主的"华西区"，而玉器这三大区与依据古史传说将史前部落划分为华夏集团、东夷集团和苗蛮集团是相吻合的，并依据《说文解字》以医巫闾玉为夷玉而将红山玉归为东夷系统[21]。不过，根据苏秉琦的考古学文化区系类型理论，红山文化所在的辽西地区属于以燕山南北长城地带为中心的北方区系，而与以山东为中心的东方不是一个区系。近又以考古文化特征分为三大区系，即以筒形罐为主要特征的东北文化区，以鼎为主要特征的东南沿海文化区，以彩陶、尖底瓶——鬲为主要特征的中原文化区[22]。如从玉器发现及特征来看，作为中原文化区史前时期主要考古文化的仰韶文化一直缺少玉器，到齐家文化时，虽渐有玉器出现，但数量远不能与东部地区的山东龙山文化和良渚文化相比。尤其是玉器的种类多为单一的玉璧，特征与良渚文化相近，具"再生型"性质。山东大汶口文化和龙山文化所出玉器近于良渚文化，江汉平原石家河文化所出玉器也深受良渚文化玉器影响。这与它们统属于"鼎文化圈"是一致的。至于红山文化所在的辽西地区，属于东北文化区。这是红山玉形成的一个主要背景[23]。

（4）玉器时代或玉兵时代问题。曾有多位学者论述这个问题，但观点不尽相同。据邓淑苹所引，早在 1948 年，郭宝钧曾喻玉器"乃石器的弱弟而非嗣子"，可算是此一观念的萌芽。张光直在 1959 年将新石器时代分为两期：普通石器时代和加入玉的时代。1986 年，他更正式提出"玉器时代"一词，是提倡"玉器时代"一说的主要学者[24]。近年提倡此一观点而又影响较大的学者如下：1981 年，孙守道主要从社会发展阶段论证，认为红山文化中不仅有大批成组玉饰，而且也有玉斧、锛、凿、刀、钺等生产工具或兼作武器和礼仪用器，提出红山文化及距今四五千年诸史前文化的玉器代表一个时代，即原始社会解体时期，从而重提《越绝书·风胡子》所言"黄帝之时，以玉为兵"的论述，认为中国上古史在石器时代之后和青铜时代之前，应有一个玉兵时代[25]。张光直则进一步从中国文明起源的特点论证玉器时代。1986 年，他在论述良渚文化玉琮时，主要依据良渚文化玉琮所具有的沟通天地的功能和由此产生的巫术与王权的结合，反映着中国新石器时代晚期社会的剧烈变革和中国文明起源形成的特点，提出代表巫政结合、产生特权阶级的"玉琮时代"就是颛顼令重黎二神"绝地天通"的时代。他也依据《越绝书·风胡子》中的"黄帝之时，以玉为兵"的记载，认为在中国从石器到铜器的转变之间有一个玉器时代，亦即从原始社会到国家城市社会中间的转变阶段。此后，主要是牟永抗、吴汝祚对玉器时代的时代特征作过多方面论述。他们是以红山文化和良渚文化玉器被赋予的神圣化和神秘化特点以及由此所具有的非实用性的社会功能作为出发点，论述以成组玉礼器出现作为玉器时代开始的主要标志是与社会分化、文字、冶铜业、棺椁制度和巫觋同时出现的，从而在中国东部沿海地区一个月牙形地带诞生了以玉器为主要特征的早期国家[26]。

由于"玉器时代"或"玉兵时代"的提出，引起对中国新石器时代晚期的时代特征，主要是社会发展阶段由原始社会向文明社会过渡给予特殊注意和深入研究是可取的。因为这个阶段在中国文明起源过程中占据着很重要的位置，更能反映中国文明起源自身的发展道路和特点。不过，是否能在中国上古史的石器时代和青铜时代之间确立一个独立的玉器时代，尚存在不同意见。有人提出石器时代、青铜时代和铁器时代的划分是以生产工具为标准的，而严格意义上的玉器不是生产工具。再一个就是玉器在中国史前时代的普遍性问题。例如，作为中国文明摇篮之一的黄河中下游地区，玉器就并不发达。虽然有华西系统玉器之说，但多认为那是受东部沿海地区影响而出现的次生型玉文化。另外，随着玉器在新石器时代出现的时间提早，在距今八千年前的新石器时代中期已有较多出现（如东北地区），使玉器时代上限的划分也无从掌握。所以，有学者指出，如强调一个玉器时代，不如在玉文化上多予考虑，可能更符合中国史前时期历史文化发展的实际情况。估计今后有关玉器时代讨论的发展趋势是并不会在石器时代和青铜时代之间加入一个玉器时代的问题上取得共识，历史阶段三段论的约定俗成的划分还会延续，但作为认识中国史前时期发展过程的一个具体阶段，特别是认识中国乃至整个东方文明起源的特定道路及其与西方文明的比较，"玉器时代"的概念会引起越来越多的研究者和爱好者的关注[27]。

（5）红山文化玉器的礼器性质。红山文化玉器从它的文化属性确定起，就提出了这批玉器与中国礼制起源的关系问题。其一是因为这批玉器所具有的规范性和等级性；其二是因为这批玉器所具有的非实用性。前者是社会分化的表现，后者则蕴藏着很深的思维观念。为此，有人提出了红山文化玉器已具有礼的雏形的观点[28]。此后，随着红山文化玉器及其在墓葬中组合材料的积累，对红山文化玉器所具有的礼器功能不断有新认识。这在下面还会作进一步论述。

（6）红山文化玉器与中国文明起源。以玉器及其演变探索中国文明起源，有一个逐步深化的过程。先是从玉器的礼器性质进行论证，后则从玉器所具有的通神功能深入到对中国文明起源道路和特点的认识，即由玉器所反映的通神及其独占权是中国文明出现的一个主要标志。这是人与自然和谐的宇宙观的表现，是不同于西方改造自然为主的"破裂性文明"的"连续性文明"。后者显然更接近于中国文明起源的实质。所以，从玉器探索中国文明起源无疑是一条可行之路。

（7）红山玉器与古史传说。主要是与"黄帝之时，以玉为兵"的记载相印证，进一步增加了以黄帝为代表的五帝前期主要人物在北方地区活动的可信性。这也将在下面作重点论述。还有人提出红山文化玉器与商文化起源的关系问题。因为红山文化的玉器从种类、造型都与商代玉器有不少相近之处，特别是其中以龙形玉为代表的动物形玉，不仅有玉龙、玉鸟和玉龟等共同种类，这些动物形玉在造型上也具有很大程度的一致性。例如，玉龙呈玦形，玉鸟作正面展翅形，玉龟则都有爬行状的龟和玉龟壳两种。据此，红山文化玉器是商文化玉器主要来源已成共识。更有人据此与商文化起源于东北一说相联系。例如，邓淑苹以红山文化玉器属于东夷玉，证明了商人起源于东方之说[29]。

（二）红山文化玉器的种类、特征与工艺

红山文化墓葬随葬玉器数量一般为三至五件，大型墓葬也只有七至九件，所知最多的一座墓为二十件。据统计，到目前为止已出土和收集的红山文化的玉器总数在三百件左右。与其他拥有玉器的诸史前文化相比，其数量并不多，如与良渚文化出土玉器的数量相比则要少得多。然而，红山文化玉器种类之繁多，造型之多变，尤其是内涵之深奥，却为其他史前文化所少见。在红山文化墓葬里，经常有出人意外的新造型、新题材出现。这是红山文化玉器吸引力的所在，也是红山玉器热持续不衰的重要原因。

1. 类型与特征

红山文化玉器的种类，据目前所见，可以分作以下十个大类。动物形玉、筒形玉、勾形玉和玉璧是红山文化玉器的四大类型，其次为珠形玉，还可分出特形玉、棒锥形玉、玉兵、玉工具，玉料一类因常在墓区发现也可列为一类。

（1）动物形玉。以龙形玉、鸟形玉、龟形玉和玉蚕为红山文化动物形玉中的主要题材。其中又以龙形玉居多，龙形玉中

包括熊龙和猪龙。其次为鸟形玉，主要为鹰和鸮。玉龟有龟形和龟壳形。玉蚕见有蚕蛹。其他动物形玉还可举出虎、鱼和草虫等。动物形玉多平雕或浅浮雕，龙形玉等还使用圆雕技法，不过都以在写实基础上加以神化为主要技法。无疑，这些神化的动物形玉，是红山人用以通神的一种主要工具。

龙形玉作为红山文化玉器的主要题材，其共同特点是都以圆雕技法制作，为环形体，突出首部，简化体躯。又可分为脊饰卷体龙和玦形龙两类。

脊饰卷体龙目前所知共四件：内蒙古翁牛特旗赛沁塔拉和黄谷屯各出土一件，傅忠谟收藏两件[30]。其共同特点是体躯细而卷如"C"形，首部长，吻部尤长，目突起作棱形或长圆形。其中有的吻面截平，面上双孔洞，似猪；有的则吻端上翘，似鹿。此类龙形玉体形最突出的特征是背有一个很长的片状附饰，往往占到龙体的三分之一甚至三分之二。如是猪，此片状物当为鬃；如是鹿，此片状物当为角。主张为鹿的还将此类龙与赵宝沟文化的刻划纹鹿形相比较，联系这类龙已知出土地点都在赤峰以北，在以牛河梁遗址为中心的大凌河流域尚未见，而赤峰以北多赵宝沟文化遗址，黄谷屯附近就有一处赵宝沟文化遗址，从而认为这类龙不一定属于红山文化，而有可能是赵宝沟文化的遗留物[31]（图四七.1）。

玦形龙在20世纪经正式发掘的只有牛河梁遗址第二地点一号冢第4号墓所出的两件玉龙[32]。其余有明确出土地区的为内蒙古巴林右旗羊场一件、那斯台一件、巴林左旗尖山子一件（图四七.3）、敖汉旗下洼一件、敖汉旗收集一件、河北省围场县下伙房一件、建平县一件。2003年牛河梁遗址第十六地点发掘出土一件[33]。早年收藏可举出黄濬《古玉图片录初集》

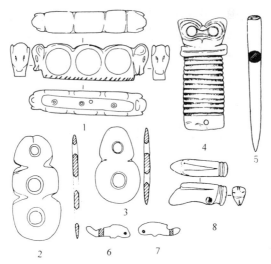

图四五　牛河梁及大凌河流域出土的其他红山文化玉器

1.双熊首三孔饰　2.三联璧　3.双联璧　4.兽面"璋"形器　5.棒形器　6.7.
绿松石鱼形饰　8.虫形饰（2.6.7.胡头沟，4.福兴地，余皆牛河梁）

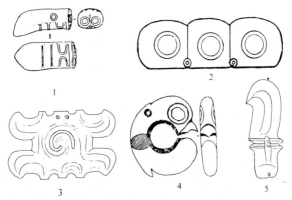

图四六　西辽河流域出土红山文化玉器之一

1.蚕蛹形饰　2.三孔形饰　3.勾云形玉器　4.鸟首牙璧形玦　5.勾形器（皆那
斯台出土）

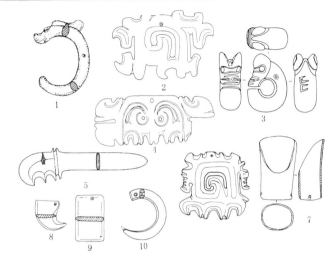

图四七　西辽河流域出土红山文化玉器之二

1. 脊饰卷体龙（黄谷屯）　2. 勾云形玉器（阿鲁科尔沁旗）　3. 玦形龙（尖山子）　4. 勾云形佩（巴林右旗）　5. 戈形器（林西县郊）　6.7. 箍形器（葛家营子）　8.10. 卷勾形器（海金山）　9. 牌饰（海金山）

图四八　牛河梁遗址第二地点一号冢出土人首玉梳背饰

收录一件、辽宁文物店一件、辽宁省博物馆一件（残）、旅顺
博物馆一件、天津市艺术博物馆四件、上海博物馆一件[34]、
海外巴黎吉美美术馆一件[35]、大英博物馆一件（残）[36]。红
山文化玦形龙的共同特点是以块体成形，一端做出首部而成，
故以称为"玦形龙"为妥，也可知其与查海——兴隆洼文化中盛
行的玉玦应有承袭关系。这类龙体躯肥硕，首部甚大，短立
耳，圆睛，吻部有多道皱纹，个别有鼻孔，建平县收集的一件
有犬齿的表现，大英博物馆的一件额顶有起脊。曾以为玦形龙
似猪，称"玉雕猪龙"。从总体特征分析，非猪更似熊，应为
玉雕熊龙。也有以为多数为猪龙，个别可为熊龙。关于这类玦
形玉龙的分类，有依据头尾相交处分离的程度分为断而相连、
断而相隔较近和断而相隔较大三型，并以为分别具有时代早晚
意义，也有的依尺寸大小分类。考虑到从相连到相隔是否具有
时代早晚意义尚待证实，而这类龙的大小却已有一定规律性，
所以可采用以大小为主兼顾其他的分类法，依大小尺寸分为大
型、中型和小型。其中大型玦形玉龙高都在 15 厘米左右，以
缺口大都未完全断开，在内缘尚头尾相连为共同特征；中型玦
形玉龙高度大都在 7～8 厘米左右，约为大型玦形玉龙的一半，
头尾间的缺口都已断开；小型玦形玉龙体较细，首部较小，五
官突出，头尾间缺口较大。

另那斯台遗址出土一件鸟形玉玦，基本形制与玦形龙一
致，惟形体较扁，首部简化如鸟。尤其是外缘起二尖脊，与首
部嘴尖形成分布等距的三尖突。这又与牙璧有近似处[37]（图
四六．4）。

红山文化的动物形玉中较重要的还可举出玉鸟、玉龟和玉
蚕。玉鸟所见较多，可分三类。一为全鸟形，最为多见，较为

典型的有胡头沟第 1 号墓出土三件、三官甸子（牛河梁第十六
地点）第 1 号墓出土一件、阜新县福兴地一件、内蒙古巴林右
旗那斯台遗址出土二件[38]。它们都作鸟的正面展翅形，细部
多作概略表现，翅尾刻纹为羽毛，五官有明确立耳的，当为
鸮，眼、嘴部则只隐约可见。牛河梁第十六地点的玉鸟更只有
鸟形的轮廓，只有那斯台出土的一件眼和嘴部都较为清晰，且
有双爪。此外，尚有辽宁省文物店收集的二件、天津市艺术博
物馆收藏二件、傅忠谟收藏一件、东山嘴遗址出土绿松石质一
件[39]、海外收藏的多件[40]可做参照。一为鸟首，只见一例，
为牛河梁遗址第二地点一号冢第 15 号墓出土。喙有弯勾，头
顶有冠，臣字眼，应为鹰类。一为鸟纹，也只见于牛河梁遗
址，为一件龙凤纹佩，其中的鸟首形象与玉鸟首相近，喙为大
弯勾，圆目，也为鹰类。

　　玉龟所知共六件，可分为两种类型，一为龟形，一为龟
壳。龟形又可分为龟与鳖，见于胡头沟墓地出土的两件，作爬
行状，富有动态感。牛河梁遗址第五地点一号冢第 1 号墓出土
两件玉龟，也都作爬行状，不过体形较胡头沟玉龟大而厚重得
多，两件成对且形态相近而不完全相同，一件略大而丰满，细
部处理也不相同，主要是五官部位，是否代表一雄一雌，有待
进一步考证。龟壳一件，见于牛河梁遗址第二地点一号冢第
21 号墓，做成上下壳相连，中空，上壳形状、背脊和龟纹的
表现都极为逼真[41]。

　　玉蚕主要是那斯台遗址出土的四件。有关清理简报称为玉
蚕[42]，后又有称为玉蝉的[43]。经考证，应为玉蚕蛹（图四
六 .1）。其理由是其中两件的头部上侧一边，都特意刻出两个
触角。此触角虽短小如圆突尖，却明确无误。它们左右对称，

高度相等，虽甚短小，琢磨工艺却很有难度，显然是特意而为。如以有触角的一侧为上，可见头部端面上以阴线雕出的双圆眼，其位置在端面略向下侧一方，以下有一个微张似作吐物状的嘴巴，身躯则不是向上翘起，而是向下弯曲，这样身体所饰的竹节纹恰在身体的下方。由此可知，有关简报发表此件玉器时把上、下两面说颠倒了。这一体态特征如有触角和身躯弯曲向下都是蚕蛹的特征，而非蝉及蝉蛹特征。此器的又一特点是身体下方第二个节内特意浅雕出对称的一对回字形纹。如与蚕蛹相比较，蚕蛹近于长椭圆形的双翅就是贴到身体下部的，而且把身体前部的分节掩蔽，只有后三节可以看到。这正与那斯台遗址所出的标本相近，即此器身体下方第二节内的对称回字形纹是表现蚕蛹的翼翅的，双翅的下边正好还有三个节。至于这两对玉器都有从体侧对穿的单孔，应是蚕蛹体两侧各一排"气孔"的抽象表达。由此可以确认，这几件标本是蚕蛹而非蚕本身，更非蝉或蝉蛹。不过，玉蚕蛹的触角、眼睛、嘴巴、翼翅和腹节与实物并不完全相同，而是都加以突出夸大，显然是神化的表现。

新石器时代有蚕，已有多例。最著名的是山西省永济县西阴村仰韶文化遗址所出半个蚕茧、河北省曲阳县南阳庄仰韶文化遗址所出陶制蚕[44]。以玉为蚕，并加以神化，则以红山文化为最。有人以为当时养蚕不为吐丝织丝，而是一种崇拜。其实，实用性是神化的前提。史载黄帝时"淳化虫蛾"，应就是与养蚕织丝有关的记录。另有黄帝妃螺祖为蚕神的记载，虽是后出，也有根据。

鱼形器见于那斯台出土的一件，称为玉鱼；胡头沟墓地第2号墓随葬两件绿松石质鱼形耳坠，虽无纹饰，却有较为明确

的头、尾、鳍等部位的表现，两件并不完全相同，手法简略却
不显呆板[45]（图四五.6、7）。

红山文化玉器中的动物形玉，还有一件虎形玉。此件虎形
玉为片状，正反两面雕出虎形，睛圆鼓，露齿，表现方法与玉
雕龙相同。其身体以线纹与红山文化玉器特有的瓦勾纹相结合
雕出，很有神韵，特别近似于商代石磬上的虎纹。此外，牛河
梁遗址第五地点还出有虫形饰（图四五.8）。

（2）斜口筒形玉器。这是与动物形玉、勾形玉和玉璧并列
的红山文化四大玉类之一，所见较多，不一一列举。其重要的
有牛河梁第二地点一号冢第4、15、21号墓和第三地点第7号
墓、第十六地点第2号墓各出土一件，巴林左旗葛家营子收集
一件（图四七.7），美哈佛大学福格博物馆收藏的一件[46]。
其形体多较大，系选择大块柱状玉，内钻切大孔，再内外加
工，形成圆筒状。此类形玉既不形成特定的形象，也无纹饰，
形制极为简略，却可归纳出一些自身的特点：从内壁遗留的钻
痕分析，大孔的钻法是先在近边缘处钻一长孔，然后以线割法
将筒芯切出。这类斜口筒形玉非作成一般的圆筒状，而是绝大
多数呈椭圆形。其制作难度更大，显然是有意而为。可将筒体
分出长面和短面。长面经常磨出平而中部稍有内凹的面。筒体
一端作斜面，另一端平，近平端的两侧有的有对称双孔或对称
双内凹槽，个别穿等距的三孔，多数则无孔和凹槽；斜面一端
的边缘磨薄似刃，平面一边有的也有相同的作法。外表光素无
纹。有饰纹的只见一例，为哈佛大学福格博物馆收藏的一件，
在平沿一边饰五道弧形的浮雕洼槽，同于红山文化彩陶龙鳞
纹，很应注意。斜口筒形玉器的变化主要在于体形的长短和直
径的大小，其他特点则都相同。此类筒形器出土时大都横置于

头下，个别置于腰部右侧。

关于这类斜口筒形玉器的功能，目前尚在推测之中，无统一意见。林巳奈夫以为是一种铲土的工具，或套在臂上的臂饰。孙守道以为是冠饰，"是一种罩束发的冠，底沿两侧小孔，当用以穿系缨结于颈的"[47]。但由于多数底沿无穿孔，此说尚存疑。还有以为是下葬时特意枕在头下作为通神工具的礼器。如将这类斜口筒形玉的形制特点与出土时多枕于头下的状态相联系，可以对这类斜口筒形玉的功能作这样的推测：扁圆、长面内凹是便于与头部的接触的，大孔可能象征着左右贯通。它们的出土位置大部置于头下，但也有数例置于右手以下，可能说明其功能并不单一。

（3）勾云形玉器，为红山文化玉器中造型、纹饰较为复杂的一类玉器。已知这类玉器的发现情况为正式出土的有牛河梁遗址第二地点一号冢第9号墓、14号墓、19号墓、27号墓和第五地点一号冢第1号墓、第十六地点2号墓各一件。其它有胡头沟一件、那斯台一件（图四六.3）、阿鲁科尔沁旗一件、科尔沁左翼中旗一件（图四七.2、4）[48]。另外，巴林右旗苏达来等地收集（图四七.6），辽宁省文物店收购，天津市艺术博物馆收藏，台北故宫博物院也有收藏[49]。海外收藏还可举出美国华盛顿弗勒尔博物馆收藏的一件[50]。它们的共同特点是都以板状成形，以勾云形体为基本单元，中心的卷勾有单有双，其间有单或双镂孔，四角各一勾云，基本保持对称，面上则磨出与造型轮廓走向一致的瓦沟纹。由于体形、结构和纹饰有一定复杂性，形制变化又趋多样，已可分为若干类型。一种"单勾云形器"应是这类勾云形玉的基本形式，也多见以这种单勾云形佩组成的"双勾云形器"。还有各种变形器，有一种如刀似戈的勾形器，其主体部分似勾云形玉一角的卷勾，故也可归入这一器类（图四六.2，图四七.5）。

　　关于勾云形玉器的原型，是十分引人注目也是讨论较多的一个问题。由于此类器体往往甚大，又因与龙形玉雕等动物形玉在形制和饰纹上既有联系又独具风格。其原型似鸟非兽，令人产生无限暇想。有根据中心双镂孔的形状如双目和下部边缘锯齿为兽牙状，以为这类勾云形器原形为兽面。例如，江伊莉以为"此佩正中央用以穿系绳组的小孔，应置于上方，佩上所琢为一个动物面，一双眼睛正视观者。下方为一横长的口部，露出七组两两并列的獠牙。两侧端有圆转的弯勾，与红山文化的猪龙有关，或为其抽象化的表现"。有直称为"饕餮面"的[51]。有据四角勾云如鸟喙而以为其原形为凤鸟，此说一度较为普遍。例如，《中国玉器全集·原始社会》对天津市艺术博物馆所藏勾云形玉器的描述，着眼在该玉佩短边两端的卷勾角，以为"两端各有鸟首，鸟身呈卷曲状，中间镂空一卷云形的孔，鸟尾相连，鸟嘴部尖长"。尤仁德持相同观点并给予更详尽的解释："以手工推磨及镂雕技法作左右对称式相背的双鸟造型，鸟身简约呈盘卷旋曲状，鸟首为尖喙，头顶有冠羽，颔下有短毛或肉垂。"此类勾云形玉器故而被称为双鸟形佩。邓淑苹也倾向于鸟形说[52]。

　　由于红山文化玉器中鸟与兽的造型和各部位的表现手法，已有很强的规律性，即在写实基础上予以神化，故将勾云形玉器中心部位和四角的卷勾视为"鸟喙"和将中心部位的钻孔视为兽目的观点都并不理想，故又有人另辟蹊径，把勾云形玉器作为一种与祭祀崇拜有关的器物，从当时红山人赋予这种器物的思维观念和抽象意义去理解它的原型。陆思贤从图腾神出发，主张鸟兽等多种动物结合。他说："从勾云形玉佩的形状结构说，至少反映两种物类的崇拜，一是对旋转物的崇拜，二是对角物的崇拜……红山文化死者身上佩的小玉龙或佩勾云形玉的本意，也是勾云形玉佩中心部位作'旋转形'的深层含义，而勾云形玉佩的四个勾角，有蹼足形、鸟喙形等区别，旨在突出角的多元性。"[53]杨美莉以为"勾云形器为红山先民辟开一片生计之外的幻想天地，在那一天地里，有著他们对微妙宇宙、生命的诠释以及对生活的无限寄望"。其主要特征的勾云形角为"红山文化的精神符号"，来自于对大自然鹰一类"力与美的企望"。刘国祥近于此说[54]。原主张以鸟为原型的尤仁德也提出"云气说"。他从古籍关于云气的形象化描述和甲骨文象形的"云"字以及原始宗教自然崇拜中对云的崇拜等方面加以考证，认为比红山文化稍晚的良渚文化、龙山文化以至商文化玉器的卷勾纹都应是云气纹的变化，且都是以红山文化的勾云形玉器为雏形的[55]。

其实，这类勾云形器虽然多有变化，但其基本要素在于四角和中心的"卷勾"。双勾形器中心的所谓双"目"，不过是卷勾与佩体相连后的镂孔部分，长边一侧的"排齿"则是中心卷勾延长到侧边突起的演变。这种现象在单勾形器中就已出现。例如，大甸子夏家店下层文化出土的一件红山文化单勾形器中心卷勾就与器体相连，巴林右旗苏达来收集的单勾形器长侧一边就已出现似"排齿"的两个突起，而它们都与兽面无关，倒是透露出这类勾云形器某些早晚演变的线索。

这样，对红山文化勾云形器原型的探讨，苏秉琦的观点就很值得注意了。他从红山文化与仰韶文化的文化关系出发进行分析，以为这类特殊造型的红山文化勾云形器，其卷勾纹的基本形态源于仰韶文化庙底沟类型的简化玫瑰花卉纹的卷勾，可称为"玉雕玫瑰"[56]。由于红山文化与仰韶文化这一南北两种文化的关系确实对红山文化的形成和发展产生过重大影响，其中仰韶文化彩陶花卉纹对红山文化的影响又最大。这种文化交流关系应该在玉器上有所反映，所以将勾云形玉器称为"玉雕玫瑰"较为可信，也可知这种勾云形玉器文化含义之深。

更为引人深思的是这类勾云形玉器的具体功能。因为这类玉器曾以"佩"命名，顾名思义，这必是一种佩饰。有成组鼻状缀孔或单、双穿孔，出土位置又在人体胸前，也似在表明其作为佩饰的功能。然而，从勾云形玉器的出土状态并结合其细部特征，却在显示这类勾云形玉器的功能并非一般所认为的佩饰，而是一种与权杖有关的器类。从已知墓葬中这种勾云形器出土状态明确而未被扰动的情形看，如牛河梁第二地点一号冢第 14 号墓和第五地点一号冢第 1 号墓，其出土状态都为竖置，而不是作为胸前佩饰的横置，而且是反面朝上，而并不是作为胸前佩饰的正面朝上。而且，它们在胸前的具体位置也并不在胸部正中，而是偏向右上臂一侧。已知最大的一件勾云形玉器，其位置不在身体之上，而是在左肩头的上部。据史前墓葬所见，右上臂和左肩上是放置斧钺的位置，其柄部正好执于手中。勾云形玉器置于同样的位置，说明它可能也是系柄并将柄握于手中的，表明这类勾云形玉器的功能当与斧钺一类的权杖有关。该类器反面所设的成组缀鼻，是用以系结杖柄或杖柄上附属物如丝织品一类的。如是，则这类红山文化的勾云形玉器，应是墓主人的权杖，是一种权力的象征，以非实用的通神的玉器作权力象征，当然是一种神权的表现。这类玉件大都出在较大的墓中，尤其为中心大墓所必备，也很能说明这一点[57]。饶宗颐称勾云形玉器为"红山文化玉中第一重器",当不是过誉之辞[58]。

与勾云形玉器有关的勾形器有正式出土地点的是那斯台遗址出土的一件(图四六.5),另有辽宁省文物店收集的二件[59]。它们的形状有如勾云形玉器的一个单勾,造型较为简单,但却有柄,柄下端往往较薄而穿单孔,有磨擦痕迹而不磨光,有的则为明显的"榫",应是安柄的部位,可知这种勾形器也是一种与权杖有关的器类。这种勾形器还有一个更为显著的特点,是在器体中部勾体与柄的交界部位设有典型而明确的"栏"。其形状及细部都极似戈上的栏,表现出相当进步的形制。与此有关的是,在林西县南郊遗址曾采集到一件玉戈形器。这件玉戈形器基本形制与玉勾形器一致,勾体部分边缘甚锐,一侧边且呈甚尖锐的齿状突,双栏也甚显,所不同的是相当于柄部的一端甚长,两侧边薄似刃,末端且收成尖锋,已与勾形器的柄部不同,而更近于戈的援部,只是尚不见起棱脊,也未形成不对称的上下刃(图四七.5)[60]。玉勾形器及有关的玉戈形器与后世的铜戈具有某些共同特征,也是这类器具有权杖一类功能的又一见证。

(4)玉璧。玉璧本是中国古代玉器中最为普遍的一种玉类,红山文化的玉璧也甚为多见。在随葬玉器的墓葬中,大都有玉璧随葬。同时,玉璧的造型又是玉器中最为简单的一类。史前时期诸文化的玉器中所见玉璧都无大差别,但红山文化的玉璧却表现出很大不同,从而也突显出自身的文化特点。例如,历代玉璧都为正圆形,而红山文化玉璧最标准的形制是方圆形,即玉璧的孔缘近圆形,而玉璧的外轮廓则往往作成方圆形,甚至接近于正方形。红山文化玉璧的另一个特点是内外缘皆不起棱边，而是加工成薄似刀刃的状态。这样，玉璧面的中部就显鼓起，而不是常见的平面。这种形制特点较一般所见玉璧制作难度明显加大，要费工费时得多，却是有意之作。显然，红山人在这种造型简单的玉璧上也赋予了很深的含义。同时，这些玉璧虽然形制简单，用料大多较精，磨制较为精工，器体一般也较大，这也说明红山人对此类玉的重视。有人以为，古人是以玉璧代表天圆的，红山文化玉璧将方圆结合在一体，是否进一步反映了红山人天圆地方的观念，并且是将天地观念结合在一起的？这类玉璧在墓葬中的出土位置多置于身体之上，也有置于身体之下，这同史前时期良渚文化等以及后世对玉璧的放置方法和位置是一致的，说明其所赋予的含义也是相近或相同的。

不仅如此，红山文化玉璧中还有一种多璧相连的形状，如牛河梁遗址所出二联璧、胡头沟墓地所出三联璧、辽宁省文物店收藏的带牙双联璧等[61]（图四五.2、3）。这种多体联璧在东北地区的其他新石器时代遗址中也多次出现，如吉林省通榆县张俭坨子遗址和黑龙江省泰来县东翁根山遗址所出双联玉璧、黑龙江省尚志县亚布力遗址所出三联玉璧等。它们可能说明这是东北地区玉器共有的一个地域性特征[62]。在山东省邹县野店大汶口文化第22墓出有双联璧和四联璧，被认为是受到东北地区新石器文化或红山文化玉器的影响所致。该墓这两件玉璧出土位置明确，在墓主人的左肩部，同位置有十一个石环和绿松石坠，当为一串饰的组成部分。这是了解红山文化多联璧功能的重要参照[63]。

与这种三体联璧有关的是在红山文化玉器中还有一种三孔器。目前所知如那斯台遗址出土的三联璧形饰，长边一侧作成与三孔相对应的三弧形，另一长边则已变为平直，钻对称双孔，似用途已较三联玉璧有所改变（图四六.2）。另见的三孔器则已非璧式，而是加厚呈立体状的三环式，且在器的两端加有人首或兽首形装饰。已知共有三件。牛河梁遗址第二地点一号冢出土一件，为两端作出人首形的三环形器（图四八）。第十六地点第1号墓附近所出一件，两端更作兽头形，从短立耳、三角形头型看，应为熊首，它们显然也是一种神器（图四五.1）。天津市艺术博物馆早年还收藏一件三孔形器。这些三孔器多在长边一侧起与三孔相对应的三弧形，另一长边平整，平面上钻等距离的三个小孔，有的长边一侧还有内收变窄的做法，似于榫。由此可知，这一类三孔器可能是一种复合器。有人推测为一种梳背饰[64]。从三联璧到三孔形器都以"三"为定数，这是红山文化玉器中较为流行的一种形制，联系牛河梁积石冢和祭坛都有起三层台阶的规律，可知五千年前的红山人已把"三"的概念运用到祭祀礼仪中去了。无怪乎古建筑学家将牛河梁起三层的祭坛誉为中国建筑三台制的"鼻祖"！

（5）其他类型的玉器。兽面玉璋形器，已知三件。阜新县福兴地出土一件，辽宁省文物店收集二件[65]。其共同特点是长板状体，上端做成兽面形，长身饰平行弦纹式凹槽多道，体与上端兽面之间有横隔。体下端薄，少加工，正中穿单孔，如安柄的榫。此类器顶端双耳如分叉状，中有横隔，长身，具玉璋的基本特征，值得注意（图四五.4）。

红山文化尚未见有成串的玉项链发现。不过，在红山文化玉器中，常见一种珠形玉，形状如一种管状珠，但体大束腰，有如椎骨，且总是单独置于胸部，显然与一般所见项链上的串珠不同。尤其是在牛河梁第二地点一号冢第21号墓墓主人胸部所出的管状玉珠，除了具有体大束腰的特点，还为外方内圆形，已具琮的基本特征，或可称为"玉琮形器"[66]。红山文化玉器中还经常出现一些特形玉，如仿贝的玉贝、做成如碑状的小饰件、棒式玉等。它们造型十分别致，工艺水平高，有的如不是出在红山文化墓葬里，是很难想像会是红山人的作品。其中胡头沟第 1 号墓所出棒式玉，共四件，皆残。其通体磨光呈柱形，一端磨出斜面，另一端残，从近端内收较细的趋势看，应为尖状。这类棒形玉都甚长，保存最长的一件残长达 29 厘米，加上下部起尖的残部，通长在 35 厘米左右[67]。牛河梁第十六地点第 1 号墓出有棒形玉三件，也为白色玉，长度较胡头沟的棒形玉为短，但更为规整。其中正式发掘的两件，位置在人体腰部左侧的左手部位，尖部朝下，可知这种棒形玉与随身系带或手握有关（图四五．5）[68]。此外，还有海金山收集的卷勾形玉和长方玉牌饰（图四七．8、9、10）。

2．组合关系

以牛河梁积石冢为主的这批经正式发掘出土的红山文化玉器，其主要价值不仅在于不断有新类型的玉器出现，而且还提供了红山玉器的明确出土位置和共存组合关系。这是探索红山文化玉器的一些基本问题，如具体功能及社会文化含义等的基础与前提。

目前所掌握的有共存关系的红山文化玉器已有二十余例（二十四座墓）。虽然玉器类别在各墓中总有所变化，组合完全相同和相近的墓很少，难以掌握规律性，却给人们提供了更多不同的组合关系，尤其是出土位置大都明确无疑。下面对几种主要器类的出土情况及与它们有共存关系的玉器形成的组合进行初步分析：

出斜口筒形玉器的墓九座，其中中心大墓一座。出土位置都在头部或头部附近，多数明确枕于头下。只一座墓出二件玉箍，将其中一件置于身体中部右侧。由此可知，这种玉件与头部有关。有人据此推测为束发器或玉冠饰，有人以为筒形体与上下沟通有关，尚待认定。

出勾云形玉器的墓九座，其中中心大墓三座。中心大墓所出勾云形玉器都为大型件，其余六座墓中所出有二座墓为小型件。

出动物形玉的墓共十六座，中心大墓三座。其中出玉龟的三座，中心大墓二座，另一座也为大型墓；出玉鸟的五座（包括东山嘴），中心大墓二座；出龙形玉的七座（包括东山嘴），其余为人首、虫形玉等。

以上述勾云形玉器、动物形玉、筒形玉、玉璧四大类为主形成的组合关系，可分出以下几组：

勾云形玉器、玉鸟、筒形玉与玉璧共出，如牛 ⅩⅥ M2。

勾云形玉器、玉龟、筒形玉与玉璧共出，如牛 Ⅱ Z1 M21。

勾云形玉器、玉龟与玉璧共出，如牛 Ⅴ Z1 M1。

勾云形玉器、玉龟、玉鸟与玉璧共出，如胡头沟 M1。

此外，出玉镯的墓共二十一座。其中出单镯的十三座（包括中心大墓二座），出双镯的共八座墓（包括中心大墓一座）。一般有男性墓随葬单镯、女性墓随葬双镯的规律。

出耳坠的墓共四座。其中出单耳坠的墓三座（胡头沟M3.1.2、牛 Ⅱ Z1 M24），出双耳坠的墓一座（牛 Ⅱ Z4 M2）。

在红山文化玉器组合中，还常见有同类器成对出土的。这种现象除了玉镯和玉耳坠，还有成对出土的玉雕龙、玉璧和玉龟。玉雕龙正式出土仅二件，都出于一座墓（牛 Ⅱ Z1M4）内。

从在胸部的出土具体位置看，一左一右，两相背对，应为一对，但大小不一。大者玉料硬度高，雕刻精细。小者为叶蛇纹岩质，雕纹较简而粗。玉龟正式成对出土的一例（牛Ⅴ Z1M1），大小略有差别。胡头沟的一龟一鳖，也应是一对。玉璧明确为成对的有二例（牛Ⅴ Z1M1 和牛ⅩⅥ M2）。

以上可见如下组合规律：

（1）勾云形玉器与动物形玉是红山玉器中等级较高的，也是较主要的组合关系；

（2）中心大墓玉器出土多，组合关系也已显示规律，如都出有高等级的勾云形玉器和动物形玉；

（3）同类器成对出土的情况较为多见；

（4）同类器也因用料、作工、大小的差异而有等级之分。

3. 选料与制法

红山文化玉器的玉质料以透闪石软玉为主，也使用叶蛇纹岩甚至滑石类。前者玉色多呈淡绿和深绿，后者多呈乳白和牙白色。它们都属于玉器之列。对玉料硬度、颜色以及质地优劣，红山人已有严格的标准。有的根据器物制作难度，有的则依据使用级别进行选择。例如，女神头像镶嵌在眼眶内形如"图钉"的眼球，要求做出深嵌于内的长钉状，制作难度甚大，所以，虽是很高级别的玉件，仍然选用了硬度较软的滑石，不过，从半圆而光滑发亮的球面来看，同样是以玉来对待。依据使用级别选择玉料则是红山玉的主流，如大墓中造型复杂的玉器，所用玉料的硬度大都较高。

除选料以外，在玉料的切割、钻孔、雕刻、磨光、饰纹等工序方面，红山文化玉器都已达到一个新的水平。从上述红山文化以四大类玉器为主的类型分析，它们分别以片状、筒状、环状成形，是使用了不同的方法制作的。例如，红山文化玉器中以片状成形的玉器为最多，包括全部勾形玉和大部分的动物形玉。这应是红山文化玉器的主要成形方式。其中牛河梁第二地点一号冢第27号墓所出长达30厘米的大型勾云形玉器，薄仅2毫米，说明当时已掌握了大面积切割甚薄玉片的技法（图四九）。以筒状成形的主要为斜口筒形玉器。这种玉类虽没有很复杂的造型和花纹，但个体一般甚大，所耗费的玉料要大大高于其他玉类，同时也说明当时对大块玉料的处理已较成熟，以扁圆体为主的形体和掏挖筒形大孔，其切割和成孔难度都较大，成孔则采用了桯钻与线割相结合的方法。红山文化玉器中的又一大类别，就是以圆厚的环形体成形的玉器。这类玉器除了环、镯、箍，以雕出首部的玉雕龙最为突出。这也是红山文化玉类中，造型、雕工最讲究的一个类别。玉器的钻孔除仍经常使用桯钻法以外，也已掌握了进步的管钻法。牛河梁积石冢出土的玉钻芯，为两面对钻形成，且钻痕等距，显示当时已掌握了同时从两面对钻的管钻法。这种对钻的管钻只有将钻体固

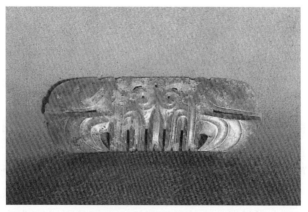

图四九　牛河梁遗址第二地点一号冢第27号墓勾云形玉器

定后，同时起动两侧钻具才能完成。这种方法已经是原始的机械装置了。还要特别提到牛河梁遗址第二地点一号冢第 1 号墓随葬的一件玉环。这件玉环外缘直径 12.1 厘米，内缘直径 10 厘米，从内缘保留的明显旋转痕迹分析，应为管钻成孔，由此可知当时已掌握了钻大孔的管钻法[69]。

玉器形体的雕刻，主要为平雕，但也有圆雕。后者虽然少见，但却说明中国古代玉石中少见的圆雕工艺早已是红山人的传统。这些圆雕作品主要为玉雕龙。其首部形象是雕刻的重点部位，所用质料一般较精，硬度自然也较高，制作难度虽较大，仍有不少精品。特别是赛沁塔拉所出脊饰卷体大玉龙和建平县出土的大型白色玉雕熊龙，体形和线条都十分规整，造型则高度神化，富于动感。在红山文化玉器圆雕作品中，尤其要提到的是牛河梁第十六地点所出双熊首三孔玉饰件。此玉件用料硬度高，熊首仅高 2 厘米，立置的双短耳、浑圆的额头、尖而微上翘的嘴部都表现得十分逼真，是一件不可多得的圆雕作品。这种环形体成形的玉雕龙等，其实代表着红山文化玉器的最高工艺水平。

玉器以磨光为主要工序，红山文化玉器的磨光技术无处不在。除外表打磨以外，内壁和棱角部分也都施用打磨，一般不留切割和钻孔留下的痕迹。尤其是在红山文化玉器中，常见一种以槽磨法做成的瓦沟纹。这是在玉器表面特意用槽磨手法制作出来的一种极为特殊的纹饰。这种瓦沟纹宽而浅，曲折勾连，有时是在不规则的弯面上进行，宽度和深度却都十分匀称，如牛河梁第三地点第 9 号墓所出玉臂饰，有近于半圆形弧度较大的弯面，表面的五道凸棱和其间的六条瓦沟纹却都十分规整而均匀[70]。有的在极薄的玉体表面打洼，凹凸部分都有清楚的交代，如牛河梁第二地点一号冢第 27 号墓所出勾云形大玉佩。有的则与雕线相互配合，使雕面富于变化，如建平县征集的大型白色玉雕熊龙，体现出红山人的玉器磨光技术已经高度成熟。这种瓦沟纹也是红山文化玉器独具特征的一种装饰纹样。

红山文化玉器以磨光为主，饰纹较少，不过也可见各种线雕。史前玉器的线雕，以良渚文化玉器为最精。红山文化玉器上的线雕，虽不如良渚文化玉器那样精细，却采用了十分概略的手法表达各种形象，线条均匀而流畅。由于经常将阴线、减地突起与槽磨法结合使用，往往起到更佳的艺术效果。

由于多样制玉技术的结合施用，红山文化玉器的形制甚为繁多，常在基本类型的基础上加以变化，如玉璧中的双联璧和三联璧，取勾云形玉器一角的玉勾形器以及三孔器等。红山文化玉器造型中最富特征的动物形玉中，无论题材的选用、造型的写实与神化相结合，还是同类型的多变化等方面，都因多种制玉技术的有机结合而有十分巧妙而成熟的表达，并且不时有出人意料的新形制出现。

红山文化玉器虽种类多，变化多，却又保持了高度规范化的原则。红山文化玉器的分布，从南到北十分广阔，尚看不出地区间有明显差别。西拉木伦河以北出土的勾云形玉器、斜口筒形玉器、玉雕龙和玉鸟等，都为红山文化玉器中的典型器。这几类玉器的种类、造型、工艺手法虽都甚为独特而复杂，却同牛河梁等遗址所出完全一样。玉器作为一种礼器，在这样广泛分布区内的高度规范化，必定是一定观念形态和严格规则制约的结果，也说明当时玉器的制作只能是在一定管理机构控制下的玉作坊集中进行的。

（三）"惟玉为葬"的埋葬习俗

随着史前玉器类型所具有的典型性及其高等级、多组合的实例不断增加，玉器所反映的社会等级关系也渐趋明朗。为此，有关史前玉器已具有的礼器性质越来越引起关注。例如，有的学者将史前玉器类型与《周礼·春官·大宗伯》所记的六种玉礼器——璧、琮、圭、璋、琥、璜相比附。有人提出"祭玉"与"瑞玉"之别，认为它们都具有事神和事人制度的玉礼器性质，但具体功能有所不同。尤其是注意到王国维早年释甲骨文中的"禮"，为盛两串玉于豆器之上，为事神之事，更是史前玉器已具礼器性质的明证[71]。在这方面，红山文化玉器具有一定的典型意义。

红山文化玉器大都是墓葬中的随葬品。一个值得注意的现象是红山文化墓葬随葬品中，虽以玉器的随葬为主，随葬玉器的数量却很少。据牛河梁积石冢已发掘的近百座墓葬统计，大墓不超过十件，一般仅三五件。这种"少而精"的现象，更显示出红山文化玉器份量之重，含义之深，其中最值得重视的是红山文化"惟玉为葬"的习俗[72]。

史前诸文化的墓葬都有以陶器为主要，甚至是惟一的随葬品的葬俗，只有红山文化是个例外。红山文化的墓葬里极少见有陶器以及石器随葬，而只葬玉器。据1997年统计，在牛河梁已发掘的六十一座红山文化墓葬中有随葬品的墓三十一座，其中有玉器随葬的墓二十六座，占有随葬品墓葬的80％以上。中心大墓和其他较大型的墓葬都只葬玉器，个别有陶、石器随葬的都是较小型的墓，并且主要见于下层积石冢，表明只葬玉

器是牛河梁积石冢埋葬的一种特定制度。它是在红山文化发展
过程中形成的。在牛河梁遗址以外所见的红山文化墓葬，也都
具有相同或相近的情况。本来红山文化已具备相当发达的制石
和制陶工艺，大型打制石器、磨制石器、细石器三大类石器并
用和石犁耜的大量使用，为同时期其他史前文化所不及。细石
器更讲究选料的硬度、色泽、纹理和通体精细加工，有的已是
精致的工艺品。红山文化的制陶业，有以压印"之"字纹陶和
彩陶器为代表的南北文化融为一体的陶器群，积石冢成百上千
个使用的大型陶筒形器已属批量生产的产品，尤其是在东山嘴
和牛河梁遗址都发现了一批与祭祀有关的特异型陶器，如牛河
梁女神庙出土的大型彩陶镂孔器、薰炉器盖和彩陶方器都是烧
制技术甚高的祭礼器。但在红山文化墓葬中，却极少有这些高
等级的陶、石器随葬，而只葬玉器。红山文化正处于由原始社
会向文明社会过渡的社会大分化大变革时期，墓葬规模及随葬
品的数量、质量是反映人与人等级差别最主要的标准，该文化
却以非实用的玉器作为几乎惟一的随葬品而"排斥"陶、石器
等与生产生活有关的器物。这种极其特殊而又特定的现象说
明，红山人在表达人与人关系时十分强烈地表现一种精神重于
物质的思维观念。联想到王国维释"禮"为"像二玉示神之
器"，表明玉与礼的特殊密切的关系[73]。礼器本有多种类别，
就史前时期诸文化而言，用作礼器的材料、功能也是多种多样
的，尤其是与玉器共出的是大量陶质礼器。独以玉作为"禮"
字创意时的依据，只有红山文化的"惟玉为葬"与之相吻合。
这就不仅证明玉器是最早的礼器，而且清楚地表明"惟玉为
礼"才是"禮"的初意。同时，玉器是具有通神功能的神器，
惟玉为葬也就是惟玉才能通神。这是红山人的一个重要思想观

念。这种思想观念在红山文化玉器的制作工艺特征上也有很强烈的表现。

红山文化玉器制作工艺的最大特点在于玉本质的最大发挥。这在红山文化的制玉工艺的每一道工序上都有所反映。如红山文化时期玉料加工已普遍使用切割成材技术，经切割后的玉材，棱角锐利，形状趋于规整，但是红山人并不直接利用这些成形的有利条件，而总是要再加工使这些棱边圆润光滑。这当然是一道很费功夫但又是必备的工序。又如红山人对器物外表进行装饰的意识本来就很强，在夹砂粗陶罐上满饰整齐密布的各式压印纹就充分表明了这一点。在玉器上饰纹虽然比在陶器上饰纹难度大得多，不过从已发现的有纹饰的玉器看，红山人也已掌握了在玉器上刻划复杂花纹的技术。但他们对在玉器上刻划装饰却极为慎重，一般除了对动物的头部和鸟类的羽翅等进行必要的刻划，皆通体抛光，并不另加任何额外装饰。就是仅见的装饰中也很有特点，如以浅圆雕的技法表现动物头部五官，各部位皆准确却甚不显露。在薄板式玉件的表面，磨出宽窄深浅都十分均匀规矩的瓦沟纹。这些纹饰制作难度甚大，触之有感，直观却只有随着光线照射角度的变化而时隐时现，从而最大限度地突出了以玉质本身来表现的一些特殊效果，如立体感、层次感和神秘感。这种为使玉器自身的特性，如圆润、光泽得以充分表现出来的刻意追求，目的在于表达一种不是靠更多外加的人为因素，而是靠玉本身自然特性的最大发挥来达到人与神之间沟通最佳效果的思想观念。这应是人与自然和谐关系在思维观念上的体现，也表明在中国传统的玉文化发展过程中红山文化已达到一个高峰。《越绝书》曾记载春秋时期一位名叫风胡子的人，在与楚王谈论治国之道时讲到从上古起兵器冶铸技术发展史："轩辕神农赫胥之时，以石为兵，断树木为宫室，死而龙臧，夫神圣主使然。至黄帝之时，以玉为兵，以伐树木为宫室，磨地，夫玉亦神物也，又遇圣主使用权然，死而龙臧。禹穴之时，以铜为兵，以磨伊阙、通龙门，决江导河，东注于东海，天下通平，治为宫室，岂非圣主之力哉。当此之时，作铁兵，威服三军，天下闻之，莫敢不服，此亦铁兵之神，大王有圣德。"这段记载把中国古史分为石、玉、铜、铁四个阶段。有人据此与近年红山文化、良渚文化发达的玉器相联系，提出中国上古史的"玉器时代"或"玉兵时代"。其实，如从红山文化"惟玉为葬"、"惟玉为礼"的习俗和制度来看，以玉作为黄帝时代特点的写照，其社会的特别是思想观念方面的含义原本还要深刻得多。因为红山人既然用玉来表达人与自然的和谐关系，那就不是将玉作为生产工具对待的，也不只是用以划分等级和掌握通神独占权的"神物"，而是赋予协调人与自然、人与人关系的价值观念和道德标准等功能的载体。还是孔夫子更了解其中的寓意。《礼记·聘义》记载了孔子回答子贡"贵玉而贱珉"时关于"君子以玉比德"的那段有名的话："昔者君子比德于玉焉，温润而泽，仁也。缜密以栗，知也。廉而不刿，义也。垂之如队，礼也。叩之其声，清越以长，其终诎然，乐也。瑕不掩瑜，瑜不掩瑕，忠也。孚尹旁达，信也。气如白虹，天也。精神见于山川，地也。圭璋特达，德也。天下莫不贵者，道也。诗云，言念君子，温其如玉，故君子贵之也。"

在这里，孔子把玉的质地、光泽、结构、声响等自然特性都赋予了道德价值的属性。它们显然是从史前已形成的以玉的自然特性表达人与自然和谐关系的思想观念向人际关系的延伸，从中可以看出玉器由"以玉示神"到"以玉比德"，由文明起源标志物到中华传统美德载体的演化过程。由此，对红山文化在中华文化起源、文明起源史上的作用和地位可以有更深一步的理解。

（四）史前两大玉文化中心之一

玉器作为红山文化墓葬最主要的随葬品，也是红山文化已出土遗物中仅次于女神塑像的重要文化因素。它以其独特的工艺、造型、文化内涵所表现出的区域性特征及其深远影响，使红山文化成为东亚史前玉文化的中心之一。

如前所述，就在红山文化玉器公布不久，它的总体风格与东南沿海另一个史前玉器中心的良渚文化玉器之间的明显差异就引起学界的极大兴趣，并提出了中国史前玉器分为南北两大区的观点，以为红山文化为史前玉器分布的北区，良渚文化为史前玉器分布的南区。由于这两个史前玉文化中心都在东部沿海和靠近东南沿海一带，又有人提出史前东部沿海玉器月牙形分布带、东亚大陆蒙古人种玉器文化以及环太平洋玉器文化带的新课题[74]。

与红山文化以动物形玉、筒形玉、勾云形玉和方圆形玉璧的四大类型相比，良渚文化以玉琮、玉钺、冠状饰件等几何形状玉器为主，在基本种类上各有特点。良渚文化墓葬内随葬玉器数量较多，并且往往一种玉类随葬多件，这是红山文化所不能比拟的。红山文化的大件玉器也远较良渚文化为少，有学者据此提出这与玉料来源不同有关。前者多来自山流水玉，后者则以矿采玉为主，也是很有启示的观点[75]。但更为重要的差别在于以玉琮为代表的良渚文化玉器较红山文化的玉器更为规范化。同时，良渚文化的玉器，除了位于余杭市郊的良渚镇及其以西以莫角山遗址为中心的反山、瑶山、汇观山等土墩大墓有大量出土，在上海市的福泉山、江苏省常州武进的寺墩、昆山赵陵山和苏州吴县草鞋山、张陵山有多处大型墓地都有高等级的玉器随葬。它们虽遍布于良渚文化分布区的大部分地域，形制却保持着基本的一致性，表现为一种大中心下多中心和高度规范化的规律。这种规律是方国的典型特征。而红山文化以牛河梁坛庙冢遗址群作为最高层次的中心，与其他遗址间的差别悬殊尚未达到大中心下多中心的发展水平，玉器造型虽也具有规范化特点，但程度上还不能与良渚文化的规范化相比。作为红山文化玉器的特点，规范而多变化是古国特征的表现。所以，两大玉文化中心之间所表现出的各自特征，既具有地域性差别，也是中国国家起源阶段性的表现。

但这一南一北玉文化中心之间，也有一些相近的因素，如都以璜、珠、璧为基本类型，具体形制也有相一致之处。由于良渚文化时代要晚于红山文化，这两个文化的玉器又有某些相近之处，所以研究良渚玉器的学者们提出良渚文化的玉器可能受到来自东北地区的红山文化的影响。具体如良渚文化最具代表性的兽面纹就可能与红山文化的玉雕龙和兽面玉牌饰有关，还有玉环、璧的某些形制的共同特征也是两个文化之间联系的表现。当时两地交流可能有海上和陆地两条路线，或者经过中间的山东大汶口文化，因为大汶口文化既发现有红山式的多联璧，也出有具良渚文化特点的玉器。江苏省海安县青墩遗址出二联玉璧，湖北省黄梅县塞东遗址属于薛家岗文化的墓葬中也出有三联式玉璧都是旁证[76]。

马承源重点对红山文化的玉雕龙与良渚文化的兽面纹作过较仔细的比较。他认为"两者的共同之点又是如此之显著，而龙在史前时代的仰韶文化中已有明确的发现，良渚文化的龙受到或间接受到红山文化的影响也不是不可能的"。他在对红山文化与良渚文化在玉器随葬和玉璧、环、龟、鸟等类玉器上的共同点作了比较后认为："尽管两地相隔一千余公里，这些共同点仍然是客观存在的。良渚文化玉器的传播，曾经到达晋南或渤海湾的北岸，离开红山文化的分布地，只是相邻的区域性的间隔了。良渚文化中曾经发现过山东大汶口文化的背壶，这是两种文化交流的迹象。考古实物证明，良渚玉器可以深入地传播到华北，那么，比良渚文化为早的红山文化的一些玉器连同它们一部分的文化影响在较早的时期内到达长江三角洲，从而为良渚文化吸收融合而丰富自己的文化面貌，这已不是可能，而且有考古遗存的实物证据。"有学者更从细部比较中得出良渚文化玉琮的兽面纹，有从平面阴刻到三维立体展开的突变，这可能就有来自红山文化玉雕龙头部圆雕技法的影响[77]。

这两大玉文化中心还先后对夏商文化的形成产生重大影响。例如，商代青铜器及其他器体上的主要纹饰饕餮纹，就与

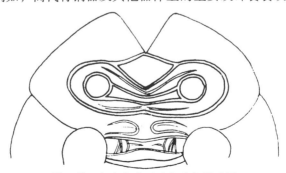

图五〇　红山文化玉雕龙头部展开图

良渚文化玉器上的神人兽面纹有着密切关系。多以为良渚文化的这种主题花纹就是商代饕餮纹的前身，而红山文化玉雕龙和兽面纹玉器如影响到良渚文化，那么，也必与商代饕餮纹有关。其实，红山文化发达的龙纹图案已影响到中原地区的陶寺文化，从而对夏商文化这类龙纹的形成又具有直接的影响关系（图五〇）。

而且，这两大玉文化中心对中原文化的影响，并不只限于玉器。据研究，红山文化与良渚文化有先后"逐鹿中原"的发展趋势。它们可能分别与夏商文化的前身有关。玉器及其纹饰在中原地区的再现，应是这一"逐鹿中原"进程的一部分。所以，史前时期南北两大玉文化中心的形成，不仅在夏商文化的形成中起过特殊重要的作用，而且在中国文化起源和文明起源过程中扮演过主要角色。

（五）红山文化玉器的分布、流传与影响

红山文化玉器以牛河梁遗址发现最多。在牛河梁遗址以外，西有河北省承德地区围场下伙房遗址出土的玉雕龙和玉环，东有阜新县胡头沟和福兴地出土的一批。新近，在铁岭市博物馆收藏一件由康平县出土的红山文化玉龟，这应是红山文化玉器分布最东的一个地点。此外，内蒙古赤峰地区分布地点最多，如敖汉旗下洼的玉雕龙、翁牛特旗赛沁塔拉的大玉龙。尤其是在该文化分布区的北区有较广泛而密集的分布，如在西拉木伦河以北，除巴林右旗那斯台出土的一批以外，该旗的海金山遗址出有玉牌饰，巴林左旗葛家营子、尖山子分别出有玉雕龙和钭口筒形玉器，林西县南沙窝子出有玉戈形器，白音长

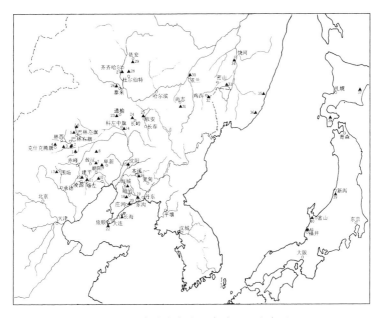

图五一 东北和东北亚史前玉器分布图

1. 赛沁塔拉 2. 那斯台 3. 白音长汉 4. 南台子 5. 尖山子 6. 葛家营子 7. 下洼 8. 份子地 9. 胡头沟 10. 沙锅屯 11. 东山嘴 12. 牛河梁 13. 下伙房 14. 科左中旗 15. 新乐 16. 马城子 17. 小孤山 18. 北沟 19. 后洼 20. 北吴屯 21. 吴家村 22. 郭家村 23. 张家俭子 24. 腰井子 25. 左家山 26. 东翁根山 27. 昂昂溪 28. 李家岗子 29. 大桥 30. 倭肯哈达 31. 亚布力 32. 刀背山 33. 新开流 34. 小南山 35. 切尔贝托罗塔 36. 普松湾 37. 浦晃町共荣B 38. 汤の里Ⅳ 39. 卷町 40. 朝日 41. 桑野

汗和克什克腾旗南台子等地也都发现了红山文化玉器。巴林右旗、阿鲁科尔沁旗还有红山文化玉器的收集品,表现出红山文化玉器的发现地域在西拉木伦河以北并未减弱,而且有沿乌尔吉木伦河继续向蒙古草原深入的趋势[78]。从中也可知,红山文化玉器的分布与红山文化分布范围是大体一致的。在红山文化分布的中心范围，玉器的发现较为密集，而周围地区则较为稀少。不过，在红山文化分布的北区，直到西拉木伦河以北，红山文化的玉器分布仍显强势。这与红山文化遗址在西拉木伦河以北分布趋势的一致性，也是十分值得注意的。

谈到红山文化玉器与同时代前后诸史前文化的影响与交流，首先要提到的是红山文化玉器与东北地区其他新石器时代诸文化以及东北亚史前文化出土玉器的关系（图五一）。

早在20世纪50年代，李文信在黑龙江省牡丹江与松花江交汇处的依兰县倭肯哈达洞穴遗址就曾发掘过一批新石器时代玉器。此后因再无发现，逐渐很少提及。自80年代初红山文化玉器被确定后，这批玉器又被重新提了出来。特别是其中出有一些具红山文化玉器特征的玉器，更引起对其间关系的思考[79]。接着，在辽东半岛、吉林和黑龙江的新石器时代遗址中不断有玉器发现。虽然有一部分为玉质工具，但非实用性的玉器也有较多出土，如璧、璜、坠和匕形器。较重要的地点有辽宁省后洼遗址上层出土一批玉石饰件，吉林省农安县左家山遗址二期所出石龙，通榆张家俭子所出双联玉璧，长岭县腰井子所出玉鱼形饰，黑龙江省松嫩平原区杜尔伯特蒙古族自治县毛都西那屯和九扇门屯出土的双联玉璧，泰来县东翁根山1号遗址所出双联玉璧和匕形器，张广才岭和小兴安岭西麓丘陵平原尚志县亚布力遗址所出三联玉璧，庆安县莲花泡所出匕形器，张广才岭和小兴安岭东麓山地及丘陵平原区的依兰县倭肯哈达洞穴所出玉璧、玉饰，鸡西市刀背山所出三孔璧，直到乌苏里江畔的饶河县小南山遗址仍出有玉环、玉璧等，且数量达六十余件[80]。由于多数遗址未经正式发掘，玉器也多缺少地层关系，所以有关这批玉器的年代尚未完全确定。从可能确定年代的几批玉器看，它们的出土情况及与红山文化玉器的关系，可分为以下几种情况（图五二.1－10）：

一是分布地域相当广阔。从辽东半岛、松嫩平原直到三江平原乌苏里江边的饶河小南山，其中黑龙江省新石器时代玉器出土地点已达二十多个。

二是出土玉器已积累了相当数量。有的还是成组出土。其中如小南山一地出土玉器就多达六十七件。仅就数量而言，已同红山文化玉器不相上下。

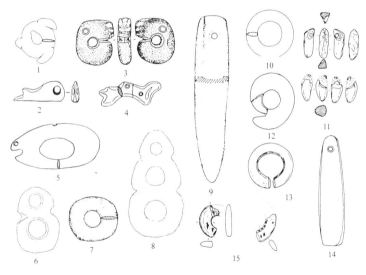

图五二　东北和东北亚出土史前玉器

1.牙璧（吴家村采:12）　2.鱼形饰（北吴屯 F2:3）　3.石雕龙（左家山 T4②:1）　4.勾云形饰（倭肯哈达第 2 号墓:2）　5.璧（腰井子86采）　6.双联璧（东翁根山）　7.璧（倭肯哈达）　8.三联璧（亚布力 YB 采:12）　9.匕形器（莲花泡）　10.璧（小南山 M1:62）　11.橄榄石饰（北海道汤の里Ⅳ）　12."の"字形饰（新泻县卷町）　13.玦（福井县桑野第 20 号土圹）　14.匕形器（福井县桑野第 18 号土圹）　15.玦（北海道浦晃町共荣 B）

三是种类较为单一。多斧、锛等工具类和玉环璧类，但也已出现形制较为复杂的双联玉璧、三联玉璧甚至石雕龙类。如黑龙江省尚志县亚布力遗址出土的三联玉璧，长达 9.5 厘米，形制酷似阜新胡头沟墓地的三联玉璧，形体则更大。至于双联玉璧已有通榆张家俭子、齐齐哈尔市杜尔伯特拉哈镇、泰来县东翁根山等数个地点，其实例已超过红山文化。

四是环璧的形制多为方圆形，边薄似刃，十分接近红山文化特征。双联璧和三联璧更被视为红山文化独有特征在东北其他地区的表现。

五是有的玉器种类具有更早的查海——兴隆洼文化玉器的特征，如玉玦和玉匕形器。

据研究，吉林、黑龙江省出土的这批玉器的年代与辽西红山文化相接近或稍晚，即在距今五千年左右，但具有先红山文化特征的玉玦、玉匕形器等的出现，说明玉器在这些地区也出现较早且有较长时间的发展过程。由于辽西地区红山文化与东北其他地区新石器时代文化属同一个大的文化区系，它们之间在玉器上的共同特征有的可能是受到红山文化玉器的影响，有的则可视为同一文化区系中的共同时代和地域性特征，有的则可能就与红山文化玉器的前身有关。有人已指出，黑龙江地区有的新石器时代遗址如小南山遗址，可能较红山文化为早，所出大量玉环璧可能影响到红山文化，左家山的石龙也可能与红山文化玉雕龙的祖型有关[81]。值得提到的是，在吉林和黑龙江地区以及俄罗斯远东地区和日本列岛都发现了早于红山文化时期的玉器。有的相当于查海——兴隆洼文化时期，有的如日本北海道等地还发现了旧石器时代末期的玉器[82]（图五二.11～15）。这既说明玉器本是东北和东北亚地区新石器时代文化共同的地域特征，还在暗示玉器的起源应与渔猎文化有关。因为从玉器的出现过程看，有两个方面是至关重要的。一是从石中最终将玉分辨出来，一是对玉的特定加工方法。古人从石中选择出质地、色泽、硬度都适中的"温其如玉"的玉石，赋予它以社会化人格化的功能，是需要对玉的特性有很深刻的认识的。同时，为了使玉的这些特征能充分表现出来，对玉的加工采用了十分耗时费力的以砂为介质的间接磨擦法，而所用的砂质的硬度必高于玉。这两个方面都同细石器的发达有着更密切的关系。因为对优质石料的鉴别、选择，对石材结构、性能的熟悉都是在细石器的制作和使用过程中达到很高水平的。这也为认识和加工玉石积累了必要的经验和技术条件。而东北地区的渔猎文化中，细石器是其最主要的生产工具。渔猎文化虽因依赖自然而具有不稳定的弱点，但它所具有的因活动地域广阔而开放的性格和与大自然和谐的天然本性，又是固守本土而相对封闭的农耕民族所不及的。红山文化作为东北渔猎文化的一个成员，既继承了渔猎人的优良传统，又最先与农耕文化相接触，在大幅度吸取农耕文化先进因素的同时发展了自身，从而在中华大地上升起了第一道文明曙光，玉器就是明证[83]。

红山文化玉器对东南沿海地区史前文化的影响，除了前述与良渚文化玉器的关系，对大汶口文化玉器的影响也只有前章所提到野店墓葬出土的双联璧、四联璧。由于当时东方大汶口文化主要是同辽东半岛有所交流，而与辽西地区关系不显，只是到了后红山文化时期，大汶口文化对辽西地区的影响突然加大，导致小河沿文化对大汶口文化因素的大幅度吸收。由此推测，红山文化玉器对大汶口文化的影响可能是间接的。

红山文化玉器对陶寺文化玉器的影响。据高炜研究，陶寺墓地所出玉璧"极少数璧外周或中孔呈椭圆形，或外周呈圆角方形而孔作椭圆形，同红山文化玉璧式样近似。另需提到陶寺出土玉环，肉呈窄条形，内缘弧状，外缘刃状或内、外缘均作弧刃状，肉中部呈弧状或平台状突起，显现出红山文化玉器作风。尤其小件玉环（常作头饰组件），具更显著的红山文化玉器特征，有的肉内侧切割出一个近三角形小缺口，使好的平面近似桃形，以致被有的研究者称为'红山文化遗留品'。总之，陶寺璧、环类玉器中含有红山文化因素，当无疑义"（图五三.4）。陶寺文化中来自红山文化的因素，除了玉器，主要还有彩绘龙纹图案，但红山文化较陶寺文化早一千年左右，说明这一影响有一个相当长的延续过程。近来河北省阳原县桑干河流域的泥河湾地区姜家梁发现了一处属小河沿文化墓地。该墓地第75号墓随葬有一件红山文化的玉雕龙（图五三.1），更有大量小河沿文化晚期的黑陶折腹盆，盆上并普遍有彩绘雷纹图案。其风格已十分接近于陶寺文化的特征。这就进一步表明，红山文化对陶寺文化的影响曾延续到后红山文化时期，交流的通道是经过河北省西北部的桑干河流域到达汾河湾的[84]。

红山玉在当地的流传主要见于属于后红山文化的小河沿文化和夏家店下层文化。小河沿文化遗存所见较少，以大南沟墓地为最完整资料。该墓地普遍有环、璧、镯随葬，但都为石质，有的表面磨光，从功能和制作工艺看，即可视为玉器。环、璧都为规整的圆形，已不见红山文化特征的方圆形，但仍多见内外缘薄似刃、中部微鼓的形态，显然是对红山文化特有形制的继承，横断面作半圆形的石镯也与红山文化玉镯的圆三角形断面有所衔接。由于大南沟墓地是一处等级不高的墓地，以石代玉仍透露出红山文化玉器在当地延续的一些情况。前面

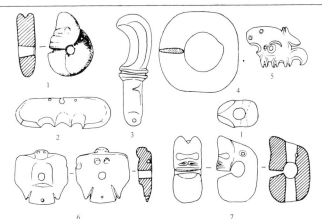

图五三　姜家梁、陶寺、殷墟、琉璃河、三门
峡出土红山文化和红山文化式玉器

1. 龙（姜家梁 M75:1）　2. 勾云形玉器（妇好墓 M5:948）　3. 勾形器（妇好墓 M5:964）　4. 璧（陶寺 M2036）　5. 勾云形玉器（琉璃河 M1029:24）　6. 鸟（虢仲墓）　7. 龙（虢仲墓）

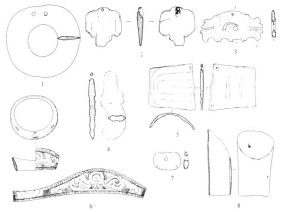

图五四　夏家店下层文化出土红山文化和红山文化式玉器

1. 璧（M853:13）　2. 鸟（丰下 T8③:21）　3. 勾云形玉器（M821:5）　4. 勾形器（M308:1）　5. 臂饰（M659:7）　6. 雕花箍形器（M458:2）　7. 鸟（M1257:4）　8. 斜口筒形玉器（M833:2）（2. 丰下，余皆大甸子）

提到的河北省阳原县泥河湾地区姜家梁墓地出有红山式玉雕龙，由于姜家梁墓地属于小河沿文化的一种类型，表现出红山文化玉器在后红山文化时期不仅有影响和继承，也有红山玉的直接流传。

红山文化玉器在夏家店下层文化的流传和影响，主要见于内蒙古敖汉旗大甸子墓地。该墓地出土玉器三十余件，已构成一组新的玉器群。其中成为该文化自身特点的玉器，虽已具有龙山文化到早商时代的时代特征，但仍明显继承了当地红山文化的某些造型和制作特点。如一件玉箍形饰件，两端口有大有小，有平有斜，似脱胎于红山文化斜口筒形玉器。大甸子这批玉器更包括了一大批流传到夏家店下层文化的红山文化玉器，如勾云形玉器、斜口筒形玉器、饰勾瓦纹的臂饰、方圆形玉璧、玉鸟等，其中有的是由红山文化直接流传下来的，有的则可能是对红山玉的模仿。大甸子墓地虽也出有来自辽东半岛和山东半岛的玉牙璧，甚至有来自江汉平原石家河文化的玉蝉，表现出玉器的多种来源，但当地红山文化和仿红山文化玉器明显占有主导地位（图五四）。特别要提到的是，在辽宁省北票县丰下遗址曾出有一件典型的红山文化玉鸟。丰下遗址不过是夏家店下层文化一座小型聚落址，玉鸟又不出在墓葬，可见红山文化玉器在夏家店下层文化中的流传有一定的广泛性。由于夏家店下层文化遗址在辽西地区分布十分密集，对这类遗址可能包含的红山文化玉器及出土情况应予充分注意。

红山文化玉器在晚期的流传和影响，主要见于商周时期的中原和北方地区。例如，安阳殷墟妇好墓所出简化型勾云玉器和勾形器、北京琉璃河西周燕国墓地所出勾云形玉器都为红山文化玉器中的典型器（图五三 .2、3、5）。河南省三门峡市西周晚期虢国墓地也见有红山式的玉雕龙和斜口筒形玉器（图五三.6、7）。

红山文化玉器对后世的影响，最为直接的是对商代玉器的影响。多年主持殷墟发掘和研究的郑振香认为：红山文化的玉雕龙、其他动物形象的玉饰以及勾形器柄等，虽与殷墟所出有较明显的区别，但亦有共同点。如赛沁塔拉大玉龙，其外轮廓与殷墟最常见的龙近似，即体略内卷。红山文化中另一种被称为"兽形玉"的圆雕，大耳，圆眼，吻前突，多作闭嘴形，体扁圆，尾内卷，多数头尾之间有一缺口，有的头尾相连，中间为一圆孔。此为红山文化中具有特色的形象，其他新石器时代遗址尚未发现。此种形象的玉雕在妇好墓内也有发现，过去有人称为"虺"，在《殷墟妇好墓》中沿用了这一名称。所出土的五件都归入玦类，最大的直径5.8厘米，较红山文化中所见的小些，头部无角，作闭嘴状，体皆内卷似虫形，与红山文化中出土的很相像，但体表面有细部花纹。还有一种勾形器柄，在红山文化和较晚的夏家店下层文化遗址中均有发现，在妇好墓内也出土一件，器形变化不大。此外，在红山文化中也出现了玉龟、玉鸟等动物形象的玉饰。红山文化中的"兽形玉"、勾形器柄在其他地区的新石器时代遗址中未发现，因此殷墟这两类玉器大概来自红山文化[85]。

我们以为，商代玉器中的代表性玉器即玉雕龙，其玦形和首部形象都是与红山文化玉龙有着直接的继承关系的。它的变化主要在于身体部位饰鳞纹，体形变薄而规整。玉勾形器则是由红山文化流传下来的。红山文化的玉龟壳也见于安徽省含山墓地，但含山玉龟壳是上下分开的。商代安阳殷墟出有双连玉龟壳，北京琉璃河西周燕国墓也出有玉龟壳。它们都与红山文化玉龟壳相同,是上下体连在一起的。这是红山玉影响商周玉的又一重要例证。

最后要提到的是,红山文化玉器在后世的流传,尤其是在夏家店下层文化、商文化和燕文化中的流传不只是一般意义上的对玉器的某种爱好,应有其特定的历史文化背景。这可以从文化的传承和共同信仰方面多加考虑。

注 释

[1] 孙守道《三星他拉红山文化玉龙考》,《文物》1984 年第 6 期。

[2] 中国社会科学院考古研究所编著《偃师二里头——1959 年~1978 年考古发掘报告》199 页图 125.3,中国大百科全书出版社 1999 年版。

[3] 中国社会科学院考古研究所编著《大甸子——夏家店下层文化遗址与墓地发掘报告》图三六 .2,科学出版社 1998 年版;《中国文物精华》图版 28,文物出版社 1990 年版。

[4] 中国社会科学院考古研究所山西工作队、临汾地区文化局《1978~1980 年山西襄汾陶寺墓地发掘简报》,《考古》1983 年第 1 期图版肆 .1。

[5] 方殿春、刘葆华《辽宁阜新县胡头沟红山文化玉器墓的发现》,《文物》1984 年第 6 期。

[6] 郭大顺、张克举《辽宁喀左县东山嘴红山文化建筑群址发掘简报》,《文物》1984 年第 11 期。

[7] 李恭笃《辽宁凌源三官甸子城子山遗址试掘报告》,《考古》1986 年第 6 期。

[8] 辽宁省文物考古研究所《辽宁牛河梁红山文化"女神庙"与积石冢群发掘简报》,《文物》1986 年第 8 期。

[9] 内蒙古文物考古研究所《内蒙古林西县白音长汗新石器时代遗址发掘简报》,《考古》1993 年第 7 期。

[10] 邓淑苹《中华五千年文物集刊·玉器篇》147、151、179~182 页,(台)故宫博物院 1985 年版。

[11] 杨建芳《红山文化玉器——前所未见的中国史前古玉》,《中国文物世界》1985 年第 8 号。

[12] 中国社会科学院考古研究所编著《大甸子——夏家店下层文化遗址与墓地发

掘报告》图八三 .2、5、6、16；辽宁省文物干部培训班《辽宁北票县丰下遗址 1972 年春发掘简报》，《考古》1976 年第 3 期 208 页图一六 .1；《妇好墓发掘报告》图版一六二 .1、一六四（上），文物出版社 1980 年版；中国社会科学院考古研究所、北京市文物工作队《1981～1983 年琉璃河西周燕国墓地发掘简报》，《考古》1984 年第 5 期 415 页图 12、图版肆（一）.8。

[13] 牟永抗《良渚玉器三题》，《文物》1989 年第 5 期；杨伯达《中国古代玉器发展历程》，《中国美术全集·工艺美术篇·玉器》，文物出版社 1989 年版。

[14] 闻广《中国古玉的研究》，《建材地质》1990 年第 2 期。

[15] 邓淑苹《中国古代玉器文化三源论》，1995 年伦敦大学主办中国古玉研讨会论文。其中文稿载于《中华文物学会》1995 年年刊。

[16] 加藤晋平《先史时代バイカル湖周边の软玉使用》，香港中文大学中国考古艺术研究中心邓聪编《东亚玉器·2》，1998 年；冯子道在 1997 中国历史博物馆主办《全国考古新发现精品展》学术讨论会上的发言。

[17] 牟永抗、吴汝祚《水稻、蚕丝和玉器——中华文明起源的若干问题》，《考古》1993 年第 6 期。

[18] 参见闻广《中国古玉的研究》，《建材地质》1990 年第 2 期；钱宪和《古玉之矿物学研究》，香港中文大学中国考古艺术研究中心邓聪编《东亚玉器·2》，1998 年。

[19] 连照美《台湾卑南玉器研究》，《故宫博物馆院刊》2000 年第 1 期。

[20] 黄宣佩《略论我国新石器时代玉器》，《上海博物馆集刊》第 4 期，1987 年。

[21] 同 [15]。

[22] 严文明《中国古代文化三系统说（提要）》，《中国北方古代文化国际学术讨论会论文集》，文史出版社 1995 年版；郭大顺《文化交汇与中国早期国家》，北京大学"迎接 21 世纪考古学"国际学术讨论会论文，1993 年。

[23] 郭大顺《论东北文化区及其前沿》，《文物》1999 年第 8 期。

[24] 参见邓淑苹《'玉器时代'论辩平议》结网篇，东大图书公司 1998 年，台北；张光直《谈"琮"及其在中国古史上的意义》，《文物与考古论集》，文物出版社 1986 年版。

[25] 孙守道《论中国史上"玉兵时代"的提出——红山文化玉器研究札记》，《辽宁文物》第 5 期，1983 年。

[26] 牟永抗、吴汝祚《试论玉器时代——中国文明时代产生的一个重要标志》，苏秉琦主编《考古学文化论集·4》，文物出版社 1997 年版；陈星灿《青铜时代与玉器时代——再论中国文明的起源》，《考古求知集》，中国社会科学出

版社 1997 年版。

[27] 艾兰《西方人为什么研究中国考古》，北京大学考古学系编《走向二十一世纪的中国考古学》，文物出版社 1993 年版。

[28] 孙守道、郭大顺《论辽河流域的原始文明与龙的起源》，《文物》1984 年第 6期。

[29] 邓淑苹《谈谈红山系玉器》，（台）《故宫文物月刊》第 189 期，1998 年。

[30] 翁牛特旗文化馆《内蒙古翁牛特旗三星他拉发现玉龙》，《文物》1984 年第 6期；《中国文物报》1988 年 4 月 8 日第 14 期；傅忠谟《古玉缀英》图 4、5，中华书局（香港）有限公司 1989 年版。

[31] 敖汉旗博物馆《敖汉旗南台地赵宝沟文化遗址调查》，《内蒙古文物考古》1991 年第 1 期。

[32] 辽宁省文物考古研究所《辽宁牛河梁红山文化"女神庙"与积石冢群发掘简报》，《文物》1986 年第 8 期。

[33] 下洼、建平、羊场龙分别见《文物》1984 年第 6 期 13 页图三 .4、5，9 页图六；尖山子龙见《辽海文物学刊》1994 年第 1 期 15 页图三；那斯台龙见《考古》1987 年第 6 期 517 页图一四 .5；下伙房龙见《中国玉器全集 . 1 . 原始社会》图版 28；牛河梁遗址第十六地点龙见《朝阳日报》2004 年 1 月 7日第一版。

[34] 黄浚《古玉图录初集》卷三 . 三；辽宁省文物店龙见《中国考古文物之美 . 1》图版 4，文物出版社、（台）光复书局 1994 年合作出版；旅顺博物馆龙见《辽海文物学刊》1992 年第 1 期 116 页图一；上海博物馆龙见（香港）《中国文物世界》第 153 期（1998 年 5 月号）63 页图 32；天津市艺术博物馆龙见《中国玉器全集 . 1 . 原始社会》图版 25、26、29、30。

[35] Elizabeth Childs-Johnson：Jades of the Hongshan culture：the dragon and fertility cultworship，ArtsAsatiques，TomeXLVI-1991，P₁₅；

[36] 邓淑苹《谈谈红山系玉器》，（台）《故宫文物月刊》第 184 期图八、九。

[37] 巴林右旗博物馆《内蒙巴林右旗那斯台遗址调查》，《考古》1987 年第 6 期516 页图一三 .1。

[38] 胡头沟、福兴地鸟见《文物》1984 年第 6 期 3 页图七 .7～9，13 页图三 .1；三官甸子鸟见《考古》1986 年第 6 期 501 页图八 .2；那斯台鸟见《考古》1987 年第 6 期 517 页图一四 .8，图一五 .9。

[39] 辽宁文物店鸟见《辽海文物学刊》1994 年第 2 期图版捌 .4、5；天津艺术博物馆鸟见《中国玉器全集 . 1 . 原始社会》图版 18、19；傅忠谟家藏玉鸟见

《古玉缀英》图 7，中华书局（香港）有限公司 1989 年版；东山嘴鸟见《文物》1984 年第 11 期 9 页图一九 .2。

[40] 参见邓淑苹《谈谈红山系玉器》，（台）《故宫文物月刊》第 189 期图一〇、一一、一二，1998 年 12 月。

[41] 胡头沟玉龟见《文物》1984 年第 6 期 3 页图七 .5、6；牛河梁玉龟见《文物》1997 年第 8 期 6 页图四 .4、5；玉龟壳见《文物》1997 年第 8 期 11 页图三 .1。

[42] 巴林右旗博物馆《内蒙古巴林右旗那斯台遗址调查》，《考古》1987 年第 6 期。

[43] 孙守道《红山文化"玉蚕神"考》，《中国文物世界》第 153 期（1998 年 5 月号）；《中国美术全集·工艺美术篇·9·玉器》，文物出版社 1989 年版。

[44] 李济《西阴村史前的遗存》，《清华学校研究院丛书》第三种，1927 年；张光远《谈殷商帝王文物及五千多年前蚕茧在故宫—中国考古先锋李济博士百年诞辰纪念》，（台）《故宫文物月刊》第十三卷第 5 期，1995 年；唐云明《我国育蚕织绸起源初探》，《农业考古》1985 年第 2 期。

[45] 那斯台玉鱼见《考古》1987 年第 6 期 517 页图一五 .6；胡头沟鱼见《文物》1984 年第 6 期 4 页图九 .1、2。

[46] 牛河梁斜口筒形玉（箍）分别见《考古》1986 年第 6 期图版贰 .5，《文物》1986 年第 8 期第 9 页图一一 .3、第 13 页图二〇 .1，《辽海文物学刊》1994 年第 1 期第 11 页图二 .1，《文物》1997 年第 8 期 11 页图四 .6；哈佛大学斜口筒形玉（箍）见（台）《故宫文物月刊》第 189 期 72 页图二。

[47] （日）林巳奈夫《红山文化所谓马蹄形玉箍にっぃて》，《史林》七十二卷二号，1989 年；孙守道《红山文化玉祖神考》，《中国文物世界》第 142 期，1999 年。

[48] 牛河梁出土勾云形玉器见《文物》1986 年第 8 期 12 页图一八 .3，《文物》1997 年第 8 期 6 页图四 .7，《文物》1997 年第 8 期 11 页图四 .10，《考古》1986 年第 6 期图版贰 .3、4，《牛河梁红山文化遗址与玉器精萃》图版 46，文物出版社 1997 年版；胡头沟勾云形玉器见《文物》1984 年第 6 期 2 页图七 .3；那斯台勾云形玉器见《考古》1987 年第 6 期 517 页图一四 .1；阿鲁科尔沁旗勾云形玉器见张乃仁、田广林、王惠德《辽海奇观——辽河流域的古代文明》35 页图版，天津人民出版社 1989 年版；科左中旗勾云形玉器见《中国文物报》1998 年 8 月 23 日版。

[49] 牛河梁收集勾云形玉器见《文物》1984 年第 6 期 14 页图四；巴林右旗勾云

形玉器见《文物》1984 年第 6 期 14 页图五；辽宁省文物店收集勾云形玉器见《辽海文物学刊》1994 年第 2 期 132 页图二；天津艺术博物馆藏勾云形玉器见《中国玉器全集·1·原始社会》11、12 页；台北故宫博物院藏勾云形玉器见邓淑苹《谈谈红山系玉器》第三六图，《故宫文物月刊》第 189 期。

[50] 弗勒尔博物馆藏玉佩见［Orientations］MAY 1993，P87，Jenny F. So: A Hongshan Jade Pendant in the Freer Gallery of Art.

[51] Elizabeth Chlds－johnson: Jades of the Hongshan Culture: the drsagon and fertility Crlt Worship P85［Arts Asiatiques］1991（译文引邓淑苹《龙兮？凤兮——由两件新公布的红山玉器谈起》，（台）《故宫文物月刊》第 114 期，1992 年）；李缙云《谈红山文化饕餮纹玉佩饰》，《中国文物报》1993 年 4 月 25 日 3 版；杜金鹏《红山文化"勾云形"类玉器探讨》，《考古》1998 年第 5 期。

[52]《中国玉器全集·1·原始社会》12 页；尤仁德《两件史前玉器研究》，（台）《故宫文物月刊》第 114 期，1992 年；邓淑苹《龙兮？凤兮一由两件新公布的红山玉器谈起》，（台）《故宫文物月刊》第 114 期，1992 年。

[53] 陆思贤《勾云形玉佩的形状结构及寓意的思想内容》，《内蒙古东部区考古学文化研究文集》，海洋出版社 1991 年版。

[54] 杨美莉《卷云山觑觑　翠石水磷磷－新石器时代北方系环形玉器系列之一——勾云形器》，（台）《故宫文物月刊》第 126 期，1993 年；刘国祥《红山文化勾云形玉器研究》，《考古》1998 年第 5 期。

[55] 尤仁德《勾云形佩及相关器物探研》，（台）《故宫文物月刊》第 143 期，1995 年。

[56] 苏秉琦《华人·龙的传人·中国人——考古寻根记》，《中国建设》1987 年第 9 期。

[57] 郭大顺《红山文化勾云形玉佩研究——辽河文明巡礼之四》，（台）《故宫文物月刊》第 164 期。

[58] 饶宗颐《中国"玉"文化研究的二三问题》，香港中文大学中国考古艺术研究中心邓聪编《东亚玉器·1》，1998 年。

[59] 那斯台勾形器见《考古》1987 年第 6 期 516 页图一三.7；辽宁省文物店勾形器见《辽海文物学刊》1994 年第 2 期图版捌.1、2。

[60] 李恭笃、高美璇《红山文化玉雕艺术初析》，《史前研究》1987 年第 3 期 84 页图二.3。

[61] 牛河梁双联璧见《文物》1984 年第 6 期 14 页图六.3；胡头沟三联璧见《文

物》1984 年第 6 期 4 页图九 .3；辽宁省文物店双联璧见《辽海文物学刊》
1995 年第 1 期 27 页图五 .3。

[62] 张俭坨子璧见《黑龙江文物丛刊》1984 年第 4 期 55 页图五 .12；亚布力璧
见《北方文物》1988 年第 1 期 5 页图四 .12。

[63] 山东省博物馆、山东省文物考古研究所《邹县野店》95 页图六五 .11、15，
108 页图七九。大汶口文化出三联玉璧又见山东平阴周河遗址（山东大学考
古系、山东大学博物馆编《山东大学文物精品选》图版 3，齐鲁书社 2002
年版）。

[64] 那斯台三孔器见《考古》1987 年第 6 期 517 页图一四 .2；牛河梁三孔器分
别见《考古》1986 年第 6 期 501 页图八 .1，《辽海文物学刊》1995 年第 1 期
31 页图九 .2；杨晶《良渚文化玉质梳背饰及其相关问题研究》，《文物》
2002 年第 11 期。

[65] 福兴地玉璋形器见《文物》1984 年第 6 期 10 页图九；辽宁省文物店玉璋形
器见《辽海文物学刊》1994 年第 2 期 133 页图四。

[66] 辽宁省文物考古研究所《辽宁牛河梁第二地点一号冢 21 号墓发掘简报》，
《文物》1997 年第 8 期 12 页图八（简报称"竹节形器"）。

[67] 胡头沟玉棒形器见《文物》1984 年第 6 期 3 页图七 .10。

[68] 牛河梁第十六地点（原三官甸子城子山）第 1 号墓玉棒形器见《考古》1986
年第 6 期 499 页图五。

[69] 《文物》1984 年第 6 期 14 页图六 .2，又见孙守道、郭大顺主编《文明曙光
期祭祀遗珍　辽宁红山文化坛庙冢》，《中国考古文物之美·1》图版 27.3。

[70] 见《辽海文物学刊》1994 年第 1 期 13 页图六；又见《文物》1997 年第 8 期
封三彩图 3。

[71] 参见邓淑苹《"玉器时代"论辨平议》结网篇，《东大图书公司》1998 年，
台北。

[72] 郭大顺《红山文化的"惟玉为葬"与辽河文明起源特征再认识》，《文物》
1997 年第 8 期。

[73] 王国维《观堂集林》第一辑 290 页，中华书局 1959 年版。

[74] 黄宣佩《略论我国新石器时代玉器》，《上海博物馆集刊》第 4 期，1987 年。
牟永抗、吴汝祚《试论玉器时代—中国文明时代产生的一个重要标志》，苏
秉琦主编《考古学文化论集·4》，文物出版社 1997 年版；邓聪《东亚玉器序
——蒙古人种及玉器文化》，《东亚玉器·1》，1998 年；殷志强《红山、良渚
文化玉器的比较研究》，《北方文物》1988 年第 1 期。

[75] 黄翠梅、叶贵玉《从红山与良渚文化玉器论艺术形式与材料来源的因果关系》，红山文化国际学术研讨会论文，2004 年 7 月于内蒙古赤峰市。

[76] 青墩遗址出二联璧见南京博物院《江苏海安青墩遗址》，《考古学报》1983 年第 2 期图一二.17；塞东遗址出三联璧见中国社会科学院考古研究所编著《考古精华》第 100 页图七九.1，科学出版社 1993 年版；安徽含山凌家滩 87M15 也出有双连玉环，见安徽省文物考古研究所编《凌家滩玉器》图版 97，文物出版社 2000 年版。

[77] 马承源《从刚卯到玉琮的探索—兼论红山文化玉器对良渚文化玉器的影响》，《辽海文物学刊》1989 年第 1 期；殷志强《红山文化玉龙要素构成辨析》，红山文化国际学术研讨会论文，2004 年 7 月于内蒙古赤峰市。

[78] 王未想《巴林左旗出土的红山文化玉器》，《辽海文物学刊》1994 年第 1 期。

[79] 李文信《依兰倭肯哈达洞穴》，《考古学报》第 7 册，1954 年。

[80] 许玉林、付仁义、王传普《辽东东沟县后洼遗址发掘概要》，《文物》1989 年第 12 期；王国范《吉林通榆新石器时代遗址调查》，《黑龙江文物丛刊》 1984 年第 4 期；吉林大学考古教研室《农安左家山新石器时代遗址》，《考古学报》1989 年第 2 期；吉林省文物考古研究所、白城地区博物馆、长岭县文化局《吉林长岭县腰井子新石器时代遗址》，《考古》1992 年第 8 期；孙长庆、殷德明、干志耿《黑龙江新石器时代玉器研究—兼论黑龙江古代文明的起源》，《考古学文化论集·4》，文物出版社 1997 年版；佳木斯文物管理站、饶河县文物管理所《黑龙江省饶河县小南山新石器时代墓葬》，《考古》 1996 年第 2 期。

[81] 赵宾福《吉林省出土的史前玉器及相关问题》，《东亚玉器·1》，1998 年；刘国祥《牛河梁第二地点 21 号墓玉器新探》，《中国文物报》1999 年 8 月 4 日三版。

[82] 烟宏明、北沢寅、寺崎康史《日本国北海道地における旧石器时代及び绳纹时代前半の玉类》，《东亚玉器·2》，1998 年。

[83] 郭大顺《玉器的起源与渔猎文化》，《北方文物》1996 年第 4 期。

[84] 高炜《陶寺文化玉器及相关问题》，《东亚玉器·1》，1998 年；河北省文物研究所《河北阳原县姜家梁新石器时代遗址的发掘》，《考古》2001 年第 2 期 23 页。

[85] 郑振香《殷墟玉器探源》，《庆祝苏秉琦考古五十五年论文集》，文物出版社 1989 年版。

五　五千年古文化古城古国

以东山嘴、牛河梁遗址及玉器群为代表的红山文化考古新发现，迅速引起了海内外的广泛关注。其影响范围和程度不仅远远超出了历史考古界，也超出了学术界，已波及到社会各界，而且出现了社会各界更为积极地向考古界反馈的新形势。究其原因，主要是由于红山文化的考古新发现提出了中华五千年文明起源的新课题，引起了一场关于中国文明起源的大讨论。寻找五千年古国的实证，正是牵动亿万炎黄子孙的大事。

（一）红山文化与中国文明起源的讨论

关于中国文明起源问题，早在 20 年代仰韶文化发现之初就已提了出来。50 年代以来，受社会发展史的影响，将中国国家起源限定在距今四千年前的夏代，标志是由原始氏族公社的"禅让制"改为世袭制。70 年代以来，占统治地位的观点是要从考古上解决中国文明起源问题，应遵照西方文明起源的"三要素"，即文字的产生、金属的发明和城市的出现。以此为标准衡量中国有关考古发现，只有二里头文化及其以后的商代二里岗和安阳殷墟与之相符合[1]。70 年代后期，唐兰曾依据考古发现和古史传说的结合，对这一观点提出挑战，并引起讨论，但因为没有脱离"三要素"的模式，影响有限[2]。直到70 年代末考古界提出考古学文化区系类型学说，并在这一学说指导下开始寻找各地自身发展过程中的文明起源，才最终摆脱"三要素"怪圈的束缚，开始了探索中国文明起源的新历程[3]。出人意料的是，最先突破这一束缚而提出文明起源新课题的是长期为人不注意的燕山以北地区。这一地区的红山文化的考古新发现一经公布，立即引起了一场关于中国文明起源的大讨论，至今持续不衰。这场讨论的重要学术意义表现在以下几方面：

1. 它明确无误地证明辽西红山文化这一考古新发现的年代在距今五千年前，相当于中原地区的仰韶文化时期，即过去所划分的彩陶时期，也就是长期以来被认定为原始社会的母系氏族公社繁荣期。这就把中华文明起源从四千年前的夏代一下子提前了一千多年。

2. 这一重大发现的地点不在中原和靠近中原的地区，而是在远离中原的山海关外燕山以北的西辽河流域。这又将中国文明起源探索者们的目光从中原地区扩大到北方（包括长城以北的广大地域）。

3. 作为文明起源标志和证据的既不是发现了文字记载，也很少有金属铜迹象和城垣遗迹的线索，而是以大规模的宗教祭祀性礼仪建筑群为主要内容。这就将中国文明起源的标志由文字的出现、城市的形成和金属的发明的所谓"三要素"，扩大到如"礼制"的出现等更为重要的文化内含方面。而后者显然更具有中国传统特色，而且是从中国史前考古发现和研究的实际情况为出发点的，所以面对的材料内容也更为丰富。

红山文化的考古新发现和由此而引起的关于中华五千年文明的讨论，在海外也引起了强烈反响。除了前述日本学者池田末利对东山嘴遗址的介绍和研究、香港和台湾学者对红山文化玉器的介绍和研究，以日本学者秋山进午所著《红山文化与先红山文化》的介绍和分析最为全面。该文在详细回顾了红山文化的考古发现史和介绍了红山文化和先红山文化近年的考古新发现以后，特别提出了红山文化是以北方地区的细石器文化和采集渔猎经济为其发展背景的，以动物形玉为主要特征的玉器、积石遗构和祭祀遗迹都是在这一经济活动背景下产生的[4]。许倬云从与世界古文明比较中认为牛河梁是复杂社会。美国学者尼尔森（S. M. Nelsen）则从发达的玉器、墓葬所表现的等级制及大规模的祭祀遗址群等方面，也对红山文化的复杂社会进行过分析[5]。

一时，由于辽西红山文化的考古新发现而引起了一系列连锁反映。甘肃省秦安县大地湾仰韶文化后期遗址及所揭露的大型多间式房址，被认为应是与红山文化"坛、庙、冢"规格和规模都相当的聚落中心和原始殿堂。良渚文化的土墩墓和玉敛葬，山西省陶寺遗址出庙堂陶、石礼器的大墓，也都认为应是文明起源的征兆[6]。就是仰韶文化本身以至岭南的石峡文化，也分辨出具有文明特征的若干因素。

红山文化是否已进入文明时代，对此尚有各种不同意见。有些人坚持中原中心说，反对文明起源的多元性，并以金属铜的发明、文字的出现、城市的形成这"三要素"为标准，不同意红山文化已进入文明时代[7]。多数学者逐渐倾向于中国文明起源多中心论，认为红山文化即使未进入文明时代，也已具备了若干文明因素[8]。同时，在讨论中多数学者已注意到史前礼制的形成是文明起源的重要标志和特点，并以此分析红山文化的大型宗教礼仪性建筑和玉礼器的形成，从而注意到燕山南北地区在中华文明起源过程中的重要性。所以，尽管观点不尽相同，但思考问题的方法和方向趋于一致。这十分有利于研究的深入。红山文化的研究及由此引发的中华文明起源的讨论，也因此而并未停步，而是在讨论中不断深入。

面对由红山文化考古新发现引发的中国文明起源讨论的迅猛开展，作为这场学术大讨论指导者的苏秉琦审时度势，因势利导，又及时提出了"古文化古城古国"的著名论断，把文明起源讨论引向深入和正确方向[9]。他是以辽西地区的考古材料为主提出这一观点的。虽然他最初将辽西地区的古文化古城古国概括为三种文化，属于三个时期，即以红山诸文化为代表的新石器时代，以夏家店下层文化为代表的早期青铜时代，以燕文化为代表的晚期青铜时代和早期铁器时代，但其具体含义仍指的是以红山文化为代表的新石器时代："古文化主要指原始文化；古城主要指城乡最初分化意义上的城和镇，并非指通常所理解的城市或都市；古国指高于氏族部落的、稳定的、独立的政治实体。""把三者联系起来的是：与社会分工、社会关系分化相适应的，区别于一般村落遗址和墓地的中心遗址和墓地。时间约在原始社会后期，即距今五千年前至四五千年间。现在我们已在若干地区找到了中心遗址、墓地的线索，辽西地区就有一处。""喀左东山嘴、相当红山文化后期的祭坛遗址、牛河梁的'女神庙'遗址以及附近多处积石冢等，说明了我国早在五千年前，已经产生了植基于公社、又凌驾于公社之上的高一级的社会组织形式。在我国其他地区还没有发现相应时间的类似遗迹（坛、庙、冢结合）。同它们相应的生活聚落，我猜想也会有某种程度的分化。"古文化古城古国的观点是把古城古国与原始文化相联系的。这是考古学文化区系类型学说在对各地诸考古文化广泛而深入的研究实践中提出的又一次新认识，从而对文明起源课题的讨论具有直接的指导意义。这一论断立即在全国各地引起了又一次连锁反映，差不多在六大区系中的每一个区系都找到了与原始文化相联系的距今四五千年的古城古国的线索。中华文明火花，真如"满天星斗"。越来越多的考古发现和研究成果正在充分证明，依据古史记载的五帝时代事迹而传承数千年的中华五千年文明古国，并非只是一种传说，而是有真实的历史事实作为根据的。红山文化的研究也主要是围绕"五千年古城古国"这一命题展开的，且与同一时期文明起源讨论的进程几乎是同步的。

自从苏秉琦连续提出"中华五千年文明曙光"和"古文化古城古国"的观点以后，不少学者都沿着这一思路进行思考，根据各地四五千间的考古发现，充实和发展着自己的观点。考古的发现总是要有一个比较长时间的过程。因为过去考古工作做得不够充分，许多东西没有被发现出来，低估某些考古学文化的发展水平是可以理解的。随着如史前城址一类与文明起源有直接关系的考古新发现越来越多，时间也在提前，人们的认识也会根据考古发现的进展情况而有所调整和深化。目前，以苏秉琦为代表的中国五千年文明起源论已得到越来越多的重视，可以说已成为中国文明起源研究的主流。他针对这场讨论中出现的过分强调文明的标准和要素的倾向，提出目前在研究中国文明起源这一问题时最重要的并不是如何去解释文明的概念，而是如何认识文明的起源过程，如何在历史与考古的结合中加深对文明起源的认识，揭示文献以前的历史。他通过对仰韶文化、红山文化、良渚文化及陶寺等遗存的分析，提出了中国文明火花迸发的三种形式：一是文化的裂变。例如，大约在距今六千年前后，统一的仰韶文化裂变为半坡、庙底沟两种类型，典型遗址是元君庙墓地与姜寨中心广场墓地。这一时期的男女老幼合葬墓突破原来氏族制男女有别、长幼有别的界限，甚至是氏族成员与非成员的界限。这违背了氏族公社的基本原理。裂变产生的新生势力——庙底沟类型对周围有着很大的影响，这就是裂变产生的文明火花。二是文化的撞击。例如，仰韶文化庙底沟类型北上与北方红山文化南下接触后产生了新的文明火花，距今五千五百年的坛、庙、冢及玉龙等就是这种文化碰撞的结果。三是文化的融合。例如，在内蒙古河套地区发现的早于五千年的尖底瓶与晚于五千年的袋足器的衔接，出现最初形式的斝与瓮，而甲骨文中的"酉"与"丙"字的原形就是三个尖底瓶演变的最后形式结合在一起的形象。此外，陶寺大墓中以大汶口式成套陶礼器、良渚文化的刀俎等随葬，都是多种文化融合产生的又一文明火花的实例。他根据史前考古文化各自发展进程和它们之间相互关系的轨迹，认为史前考古已展现出五帝时代的图景，从而又提出"重建中国史前史"的设想[10]。

不久，随着红山文化研究的深化和中国文明起源向纵深发展，苏秉琦在80年代后期到90年代又进一步提出中国文明起源和国家形成的"三部曲"与"三模式"的系统观点。"三部曲"即古国—方国—帝国，"三模式"即"原生型"（以五六千年的红山文化坛庙冢、四千年前夏家店下层文化连锁式城堡带和二千年前秦始皇碣石宫为标志）、"次生型"（以夏商周三代为中心，包括以前的尧舜，其后的秦）、"续生型"（以秦汉以来先后入主中原的鲜卑、契丹、清朝为代表）。他在这里明确把红山文化作为古国阶段的一个典型例证和原生型国家的代表："就是在这样一个广阔而又在发生剧烈社会变革的历史大背景下，红山文化在距今五千年以前，率先跨入古国阶段。以祭坛、女神庙、积石冢群和成批成套的玉质礼器为标志，出现了'早到五千年前的、反映原始公社氏族部落制的发展已达到产生基于公社又凌驾于公社之上的高一级的组织形式'。"[11]

研究红山文化等史前文化文明起源进程、观点与苏秉琦接近的代表性学者还有张忠培和严文明。

张忠培曾认为龙山时期进入文明时代，通过对苏秉琦学术观点的理解发展了自己的观点，认为公元前3300～3200年分布于黄河、长江中下游和燕山南北及西辽河流域的诸考古学文化的居民已跨进文明的门槛。他从以下三个方面加以论证：一是制石、制玉、制陶工艺技术进步以及冶铜技术的出现等，促进专业分工，主要是家族间的分工；二是政教中心的形成，表现为社会分化为贵族与平民两大阶级，权贵阶级控制权力，以敬天祭祖为中心的巫教已达到相当规模，巫师阶层形成，神权确立，军权演变为王权，集神权与王权于一身的人物出现，与此相应的是一批地域中心聚落和既有宗教性建筑、又有原始宫殿的政教中心形成；三是王权凌驾于神权。他特别重视从王权与神权的关系来论证中国文明起源的主要特征：王权与神权在社会变革中由居于同等地位，到出现了将两权集于一身而其地位高于仅执一权的人物，再到演变为王权日益高于神权[12]。

严文明则主要从文明起源过程中探索文明时代的到来[13]。他积极倡导从中国历史实际情况探索中国文明起源的具体过程，而不赞成那种从文明的概念出发的思维方式。他根据苏秉琦关于古文化古城古国的思路，将早于二里头时期的城址和中心聚落划分为三个阶段。第一阶段为公元前4000～3500年，有湖南城头山、山东大汶口早期阳谷王家庄城址、陕西华阴西关堡和华县泉护村的中心聚落以及安徽凌家滩的祭坛和贵族坟山，正是这些较发达的文化中心率先迈出了走向文明时代的步伐；第二阶段为公元前3500～2600年，即相当于仰韶时代后期，有良渚文化、大汶口文化中晚期和红山文化晚期的贵族坟山、良渚文化的"台城"及红山文化的祭祀中心，表现为文明程度更高、文明社会的色彩更浓，从而比第一阶段进了一大步；第三阶段为公元前2600～2000年，即龙山时代。这一阶段以山西陶寺墓地、河南王城岗、平粮台城址为代表，其中陶器制作以轮制为主、建筑上大量使用白灰、建筑时用人和牲畜奠基所反映的阶级和等级分化更为尖锐的社会变革现象，说明黄河流域在文明历程中发展更为迅速，而且已可以与被认为是夏文化的二里头文化直接联系起来。

由于80年代中国文明起源大讨论，主要是因为红山文化祭坛、女神庙和积石冢群的考古新发现公布以后而引发的。随着文明起源讨论的深入，对红山文化的认识自然也在不断加深。这里集中表现为以"古文化古城古国"为指导，对红山文化的考古新发现的研究。根据近年的发现和认识，我们认为牛河梁坛庙冢遗址群是"古国"概念的一种模式。因为牛河梁遗址虽然还大量保留着原始氏族公社的成分，但已从中脱颖而出，具备了早期国家的基本特征。这在红山文化积石冢、女神庙和遗址布局上都可以反映出来。

（二）基于公社又凌驾于公社之上的政治实体

根据苏秉琦的观点，古国的概念是指"植基于公社，又凌驾于公社之上的高一级的社会组织形式"。这一社会组织形式也可称为"高于氏族部落的、稳定的、独立的政治实体"。牛河梁遗址的"女神庙"以及附近多处积石冢和祭坛等，就是既与原始文化有着千丝万缕的联系，又已具备早期国家的基本特征的典型实例。

牛河梁积石冢所具有的坐落在山冈之巅、以大墓为中心的山陵景观，在同时期前后诸史前文化中是最为接近后世帝王陵墓的基本特征的。但在冢内还普遍置有成排中小型墓葬，不仅一般的冢有大墓和小墓同处一冢的情况，就是有中心大墓的主冢也有这种情况。同一山冈的主冢又往往与两侧其他冢相并列。这些都说明红山文化的积石冢还深深保留了氏族社会墓地那种以血缘关系相维系的众多特点。不过，红山文化积石冢中的每一群和每一群中的各冢都自成独立单元。围绕中心大墓布置的各种设施，包括围绕其间的中小型墓，都显示出以一人独尊为主的等级制已经制度化。

女神庙也表现出近似现象。围绕主神的群神崇拜和与之相应的有主有次的多室布局，都是一人至高无上为主的等级制度以宗教形式被固定下来的体现，是等级分化在更高层次上的体现。然而，就是这样一个已具备了后世宗庙基本特征的高层次聚落中心的中心建筑，仍在顽强地保留了一些原始和过渡的特征。例如，原始居住址所普遍采用的半地穴式、多室又联为一体的结构布局等。

这种过渡性还可以从牛河梁遗址群的总体布局中体现出来。如前所述，牛河梁并不只有一处或几处遗址，而是一个在占地 50 平方公里范围内包括了坛（祭坛）、庙（宗庙）、冢（"陵"墓）三位一体的大遗址群。这样一个规格甚高的大遗址群，并不坐落在平地，而是特意选择于地势多变的山区，形成既规范又有变化的布局特点。其规范化集中表现为按南北轴线布局，变化表现为顺山势而定方向，有近20°的偏角，诸遗址点也都选择在高度适宜的诸多山冈上。这种既依山势多变化不求十分规则，又按南北轴线布置的规划设计思想，是由原始社会向文明社会过渡的古国时代特点的典型反映。从中可以对"在原始文化基础上产生的基于公社又高于公社的政治实体"，即古文化古城古国，有一个实际的了解。

世界史研究者曾将城邦作为最早的国家形式和最早的政治单位。城邦与古国概念有相同之处，相互比较，也可以加深对古国的理解。日知认为："城邦产生于旧社会转入新社会之初，血缘关系转变为正当关系之初，野蛮过渡到文明之初，它在产生新的成分的同时，必然也带有许多旧的因素，新旧交替，除旧布新，这就是城邦时期的特点。"[14]这种以新为主、新旧成分共存的情况，与中国的古国时代是相同的。新的提法在于把古文化（原始文化）与古城古国相联系，把原始文化中与中国古城古国联系起来的那一部分加以突出，作为重点。这就明确指出中国文明起源的具体途径：第一，中国史前期曾有一个由氏族社会过渡到早期国家的阶段，一个"早期国家"形态；第二，这一早期国家形态存在于各地古文化发展过程中，就远不只在一二个地区发生，而是众多古城古国的并立，如"满天星斗"；第三，同样，这一社会变革也不会只是一个历史阶段的事，每一个民族在其历史发展过程中或迟或早都在经历自己的文明起源过程；第四，中国的古城古国与西方的"酋邦制"有相近处，但由于植根于各个区系相互依存、相互作用的诸古文化，形成中国文明起源既有先有后又大致同步，既多条道路又趋向一统，丰富多彩、连绵不断的特点。

（三）最高层次中心聚落的形成

在史前诸文化中，聚落的分化主要表现为一般聚落和中心聚落的区别，而最高层次的中心聚落的出现意味着社会结构已经发生质变。古文化古城古国作为区系类型理论转化为实践的中心环节，其重大指导意义就在于提高田野工作中寻找中心聚落、特别是最高层次中心聚落的意识，即"都"与"野"之别。这同聚落考古中聚落层次性研究是一致的。

红山文化聚落的分化以敖汉旗调查的资料较为说明问题。如前所述，该旗调查所得五百零二处红山文化遗址，可以旗境内的六条河流为纽带分为六组，每组又可依分布的疏密程度、大小遗址间的关系分为若干个聚落群。在这些群中都有大、小遗址之别。有的大小遗址间面积差别较为悬殊，还有小遗址围绕大遗址分布的情况。大遗址不仅面积大，而且常有一些高等级的遗迹如陶窑区、积石冢甚至玉器作坊的线索和重要遗物如玉器和石钺的发现。敖汉旗是红山文化分布比较密集的地区，但并不是红山文化分布的中心区。该旗的情况说明红山文化聚落间的分化已较为普遍，中心聚落与一般聚落之间的分化已较为明显。

这种分化从大凌河流域的牛河梁与东山嘴遗址的比较中看得更为清楚。它们都属于祭祀性建筑遗址，且相距较近，但遗址组合、祭坛和女神像的规模与规格，差别都十分悬殊。尤其是牛河梁遗址已具有红山文化最高层次聚落中心的规格。

凡从聚落考古的角度研究红山文化，都已注意到牛河梁遗址所具有的中心聚落的特殊地位，或认为是红山文化相当大的部分地区居民的聚集处或整个红山文化举行祭祀礼仪的公共活动中心[15]。其实，牛河梁遗址已具备红山文化最高层次中心聚落的规格。这可以从以下三个方面加以论述：

首先，就牛河梁遗址本身而言，除了遗址群规模宏大，单体遗迹和出土器物都规格甚高，主要还表现为遗址群分布范围虽十分广阔，地势又多有变化，却能顺山势，定方向，按高低上下进行规划布置。这使诸多建筑都按一条自然与人为相结合而形成的南北轴线严格布局，既主次分明，又相互联系和彼此照应，从而将大范围的人文景观与自然景观巧妙的结合起来，起到将人文景观融于大自然之中的奇特而神圣的效果。对于这样一个大规模祭祀礼仪性建筑群体，苏秉琦早在牛河梁遗址刚发现时就曾将它们与古代帝王举行的"郊"、"燎"、"禘"等祭祀活动相联系，值得深思[16]。同时，牛河梁作为一个具有神圣意义的宗教祭祀场所，在庙区内外上百平方公里范围不见任何居住遗址的迹象[17]。这表明当时的牛河梁祭祀遗址群的级别已远远超出了以家庭为单位而在生活区内设祭的家庭祭祀，也远远超出了以氏族为基本单位而以设在聚落以内如"大房子"一类为祭祀场所的氏族祭祀，而是远离生活住地专门营建的独立庙宇、庙区和"陵墓"区，形成了一个规模宏大的祭祀中心。显然，这样一个高等级的祭祀遗址群已远不限于一个氏族或部落的范围，而只能是红山文化这样一个文化共同体对共同先祖进行崇拜的圣地，是凝聚红山文化人的所在。

其次，从牛河梁在整个红山文化分布区所处的位置来看，牛河梁遗址所在的辽西努鲁儿虎山谷正处于红山文化分布区中央部位而偏向于靠近华北平原的西南一侧。这一带既属于大凌河流域，又距老哈河的河源不远，向北沿老哈河河川可通往内蒙古赤峰地区并继续向其以北的广大蒙古草原深入；向南顺大凌河的南部支流，可一直抵达渤海海滨；向东沿大凌河的主干，通向朝阳和阜新地区，更可直达辽河西岸；向东北沿努鲁儿虎山山谷可通达内蒙古敖汉旗及周围的教来河和孟克河流域；向西沿大凌河西部支流到河北省承德地区，并越燕山山脉直下华北平原。以上这些地区都是红山文化所及地区，多数是红山文化遗址分布的密集区。由此可见，牛河梁遗址就处于红山文化分布区内四通八达的中心部位。把牛河梁遗址选择在具有这种特殊优势的地理位置，显然与充分发挥和延伸最高层次中心邑落对周围地区次中心和一般聚落的汇聚力和控制力有很大关系。这可以从牛河梁遗址群四周的赤峰、敖汉、阜新、承德等地区已发现的积石冢所处地势、冢的结构以及随葬玉器的种类、造型等与牛河梁遗址的高度一致性体现出来[18]。

最后，积石冢作为红山文化特有的一种葬制，见于大凌河及其支流的各流域。以阜新县的胡头沟墓地为例，这是最早发现的红山文化墓葬。这处墓地位于大凌河支流牤牛河东岸，也坐落在山冈之巅，冢的结构为方圆结合，冢上有成群彩陶筒形器排列，尤其是也具有一座中心大墓，那些成对的玉龟、玉鸟等一批精美的玉器就出在这座中心大墓中。胡头沟西距牛河梁200多公里，在积石冢的形制和玉器造型特点上彼此之间没有多大差别。就是在红山文化分布区最北部的西拉木伦河流域，发现的红山文化墓葬也有积石和具有中心大墓的迹象。尤其是西拉木伦河以北出土的几批红山文化玉器，如造型各异的方圆形玉璧、变化多端的勾云形玉，特别是高度抽象化的以玉雕龙为代表的各种动物形玉，尽管每一种玉类的形制都十分独特，多变化，也都同牛河梁所出完全一致。墓葬制度和玉礼器的高度一致性，是中心邑落对周围地区政治控制力在考古学上的表现。

根据国外聚落考古的研究，聚落分化只产生了中心聚落和一般聚落这两层关系，并不能导致国家的产生。只有当中心聚落中又分化出最高层次的超中心聚落，即形成三个基本层次的聚落形态时，才可能出现国家。这是从聚落考古方面判断进入文明社会的一个最主要的标志[19]。牛河梁遗址群在红山文化中所具有的最高层次中心聚落的规模和地位表明，当时已经具备了产生最高层次超聚落中心的水平，说明红山文化已达到形成国家的这一主要标准。

（四）"通神独占"与中国文明起源的特点

从聚落分化的层次性研究文明起源与国家的形成，虽然具有普遍性，但中国进入文明社会的具体道路仍表现出自己的特点。

依据马克思的社会发展史观，由原始氏族公社向国家的过渡作为人类历史上的第一次社会革命，是以生产力的发展为动力和以人与人之间关系的变革为主要标志的。中国诸史前文化包括仰韶文化前期和后期间的变革，都证明了这一规律的普遍性。各个地区与不同人群之间，因自然和人为条件的种种差别，它们的具体发展道路又可能是各有特色的。就以当时生产力发展水平为主要标志之一的金属铜的出现和使用来看，大量考古发现证明，中国史前时期虽也不断有金属铜露头，但一般所见到的标本极少，且多为装饰品或不成形的小件物品一类，生产力的发展仍然以石器及其制作技术的进步为主要内容。就是到了商代，青铜铸造技术已很发达，但也主要用于铸造祭祀礼仪和随葬的铜彝器及武器一类，用作生产工具的青铜器极少，石器仍然是主要生产工具。对于这种考古现象的一再出现，张光直曾将东西方文明起源进程及其背景作一比较，提出西方是以技术发展为主进入文明时代的，主要体现为人对自然的改造，可称为"破裂性文明"，而以中国为代表的东方，则较早发展了协调人与天、地、自然界之间关系的宇宙观和宗教观，以出现沟通人与神关系的神权及其独占为主要标志，并由此而进入文明时代。与西方相比，中国更重视人与自然的和谐，可称为"连续性文明"[20]。近些年主要在燕山以北地区的红山文化和东南沿海地区的良渚文化发现的大规模宗教祭祀遗迹和反映以神权独占为主的"礼制"的出现，都一再证明着中国文明起源的这一特点。

通神及其独占在中国古史上也有明确的记载，这就是帝颛顼所实行的以"绝地天通"为主要内容的宗教改革。这一事件反映在《国语·楚语》中楚昭王与大臣观射父的一段对话："昭王问于观射父，曰：'周书所谓重黎使天地不通者，何也？若无然，民将能登天乎？'对曰：'非此之谓也。古者民神不杂。民之精爽不携贰者，而又能齐肃衷正，其智能上下比义，其圣能光远宣朗，其明能光照之，其聪能听彻之，如是则明神降之，在男曰觋，在女曰巫。是使制神之处位次主，而为之牲器时服，而后使先圣之后之有光烈火，而能知山川之号，高祖之主，宗庙之事，昭穆之世，齐敬之勤，礼节之宜，威仪之则，容貌之崇，忠信之质，禋絜之服而敬恭明神者，以为之祝。使各姓之后，能知四时之生，牺牲之物，玉帛之类，采服之仪，彝器之量，次主之度，屏摄之位，坛场之所，上下之神，氏姓之出，而心率旧典者为之宗。于是乎有天地神民类物之官，是谓五官，各司其序，不相乱也。民是以能有忠信，神是以能有明德，民神异业，敬而不渎，故神降之嘉生，民以物享，祸灾不至，求用不匮。及少昊之衰也，九黎乱德，民神杂柔，不可方物。夫人作享，家为巫史，无有要质。民匮于祀，而不知其福。蒸享无度，民神同位。民渎齐盟，无有严威。神狎民则，不蠲其为。嘉生不降，无物以享。祸灾荐臻，莫尽其气。颛顼受之，乃命南正司天以属神，命火正黎司地以属民，使复旧常，无相侵渎，是谓绝地天通。'"

张光直认为这段话把古代世界的分层以及巫、觋在层次之间沟通的关系讲得很清楚。这段话的大意是说，楚昭王向大臣观射父询问《周书》中重、黎绝天地之通是怎么回事。观射父回答说：古时候民神不杂，有特殊才力的男女（巫、觋）才是通天地的。到少昊之衰，九黎乱德，民神混杂，就是说人人都可以通神了。颛顼就派重、黎把民和神分开，天属神，地属民，把世界分成天地人神等层次。这是中国古代文明重要的成分，也就是萨满式世界观的特征。徐旭生则认为"民神杂糅，不可方物，夫人作享，家为巫史"。这种人人祭神、家家有巫史，是原始社会末期巫术流行的普通情形。随着社会变革的新旧交替，这种"民神同位"就成了社会自身的一种严重威胁。颛顼的"绝地天通"，进行的宗教改革，使重和黎一个管天，一个管地，整顿了社会秩序，而颛顼也就成为一位地位仅次于黄帝的宗教领袖。

红山文化以祭坛、女神庙和积石冢群三位一体组合作为史前时期功能最明确、规模也最大的祭祀建筑遗址群，它所表现出的以发达的动物形玉等玉器作为通神的工具、通神独占的巫者同时具有王者身份以及祭祀中心可能就是政权中心等，都以充分的考古实证表明通神及其独占和神权至上是中国文明起源与国家形成时期的一个主要特征。红山文化从"惟玉为葬"到"惟玉为礼"的埋葬制度和以追求玉自然特性的最大发挥来达到通神的最佳效果以及其背后所反映的人与自然和谐的纯真而神圣的思维观念，更是对"绝地天通"绝好的注解和升华。红山文化所走过的这条跨进文明门槛的道路在中国史前时期并非孤立，大约同时期前后的良渚文化以玉琮为代表的通神工具、以巫者大墓为主的土墩大墓地和坛墓的结合，甚至仰韶文化西瓶、彩陶等巫者专用的通神祭器的大量出现等，说明通神独占导致文明起源是中国文明起源道路的普遍特征。神权就是政权，宗教领袖就是王者。其指导思想则已有"天人合一"观念的萌发，从这里也可见文明起源问题原本包含着更多深层次的内容。

（五）南北交汇与观念认同

红山文化时期正是各地古文化个性充分发展的时期，也是诸文化频繁交汇的时期。红山文化的文化交汇包括区内和区间两个方面。区内即"红山诸文化"间的关系，将在后文作专门论述。这里着重论述南北文化交汇的情况。

在红山文化的形成和发展过程中，来自黄河中下游古文化的影响曾是一种很重要的原动力。这主要指红山文化与黄河中下游后冈一期文化、仰韶文化的关系。如前所述，红山文化发现之初已注意到该文化所具有的南北两种文化的双重特征。随着后冈一期文化的确立和这一文化及其前身在燕山南麓的广泛分布可知，红山文化的最初形成与吸收后冈一期的先进文化因素如发达的红顶钵、碗等有关[21]。不过，红山文化的更大发展却主要是与仰韶文化庙底沟类型交汇的结果。就在牛河梁坛庙冢遗址群发现前夕，河北省张家口地区桑干河上游的壶流河流域发现了红山文化晚期彩陶器与仰韶文化庙底沟类型陶器的

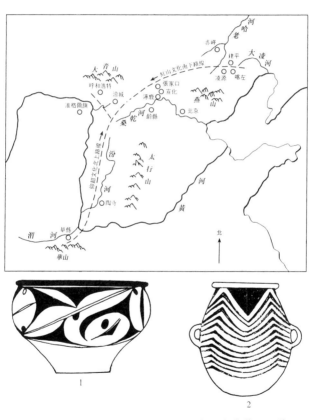

图五五　仰韶文化与红山文化交汇地河北省蔚县三关
遗址出土的仰韶文化和红山文化彩陶
1. 仰韶文化彩陶盆　2. 红山文化彩陶罐

共生现象[22]（图五五）。这就看到了这一文化交汇的路线、过程、对接点和后果。对此，苏秉琦是这样论述的："源于关中盆地的仰韶文化的一个支系，即以成熟形玫瑰花图案彩陶盆为主要特征的庙底沟类型，与源于辽西走廊遍及燕山以北西辽河和大凌河流域的红山文化的一个支系，即以龙形（包括鳞纹）图案彩陶和刻划纹陶的瓮罐为主要特征的红山后类型，这两个出自母体文化而比其他支系有更强生命力的优生支系，一南一北各自向外延伸到更广、更远的区域。它们终于在河北省的西北部相遇，然后在辽西大凌河上游重合，产生了以龙纹和花结合的图案彩陶为主要特征的新的文化群体。这是两种经济类型和两种文化组合而成的文化群体。这个群体的活动中心范围既不在北方草原的牧区，又远离农业占绝对优势的关中盆地，而是燕山以北，大凌河与老哈河上游宜农宜牧的交错地带。这里自然条件的优势，大概正如古文献关于九州第一州冀州记载的所谓'赋上上错，田中中错'，就是说，重要的不是土质肥沃，而是多种经济补充造成的繁荣昌盛，才得以发出照亮中华大地的第一道文明曙光。坛的平面图前部像北京天坛的圜丘，后部像北京天坛的祈年殿方基；庙的彩塑神像眼球使用玉石质镶填与我国传统彩塑技法一致，冢的结构与后世帝王陵墓相似；龙与花的结合会使人自然联想到我们今天的自称'华人'和'龙的传人'，发生在距今五千年前或五六千年间的历史转折，它们光芒所披之广，延续时间之长是个奇迹。"[23]

由此可见，仰韶文化与红山文化的结合尽管是两种不同经济类型和不同文化传统的结合，却不是文化间的替代，不是简单的复合体，也不是单纯的模仿，而是将具有仰韶文化特征的因素与当地文化因素融合一体，成为红山文化的有机组成部分。无疑，这是一次十分成功的结合。"当仰韶与红山一旦进一步结合起来，中国文化史面貌为之一新"[24]，成为五千年前影响中国历史进程的重大事件，也是红山文化率先跨入古国时代的原动力之一。

牛河梁坛庙冢遗址群，以其宏大的规模、完整的组合、深厚的文化背景和对中国古代文化起源发展的深远影响而耸立于东方大地。它不仅在中国是罕见的，就是与世界古代史上著名的遗迹相比也毫不逊色。以它作为中华五千年文明古国的象征和民族圣地之一，当之无愧。

（六）红山文明与五帝传说

东山嘴、牛河梁红山文化发现之后，多与古史传说中有关人物相联系。有的以女神崇拜提出女娲说，如干志耿[25]；有的以发达的宗教祭祀提出颛顼说，如蔺新建[26]；有的以女神庙为"帝辛氏高禖"而认为是商先文化，如张博泉等[27]；还有的以勾形玉雕龙提出蚩尤说。近来，以红山文化为中国最先出现的古国而提出黄帝说的较为多见，如田昌五、韩嘉谷等[28]。

在这方面，苏秉琦经过多年思考后郑重提出："红山文化的时空框架，只有黄帝时期与之相符。"他把史前考古所表现的社会发展阶段与古史传说相对照，将与五帝有关的考古文化分为三大考古文化区和两大阶段。三大考古文化区即以红山文化为代表的东北文化区，以仰韶文化为代表的中原文化区，以大汶口文化和良渚文化为代表的东南沿海文化区。这三大考古文化区又都可以距今五千年为界分为大体相对应的两大阶段。

根据这两大阶段的划分，又可将古史传说的五帝时代划分为前后两期，即以距今五千五百至五千年的仰韶时代晚期为五帝时代前期，以距今五千年以后到夏文化前为五帝时代后期。红山文化的时代相当于五帝时代的前期。从红山文化五千年古国在中国文明起源过程中先走一步，到该文化在其南下过程中与仰韶文化在冀北相遇的考古实证，都证明了五帝时代前期有关代表人物在北方地区活动的可信性[29]。

史载，五帝时代的帝尧和帝舜都曾将势力扩大到燕山以北地区。红山文化的发现则把这一史实提前到五帝前期的黄帝时代，表明早在中华开国史之初东北地区就是我们的祖先创造文明的重要地区之一。

关于黄帝在燕山南北地区活动的记载，主要是五帝前期的两次重大战役。一是黄帝与炎帝之战，一是黄帝与蚩尤之战，地点都在被称为"三岔口"的南北文化交接点张家口地区桑乾河流域的涿鹿县。这以《史记·五帝本纪》的记载较为全面明确："轩辕之时，神农氏世衰。诸侯相侵伐，暴虐百姓，而神农氏弗能征。于是轩辕乃习用干戈，以征不享，诸侯咸来宾从。而蚩尤最为暴，莫能伐。炎帝欲侵陵诸侯，诸侯咸归轩辕。轩辕乃修德振兵，治五气，执五种，抚万民，度四方，教熊罴貔貅貙虎，以与炎帝战于阪泉之野。三战，然后得其志。蚩尤作乱，不用帝命。于是黄帝乃征师诸侯，与蚩尤战于涿鹿之野，遂禽杀蚩尤。而诸侯咸尊轩辕为天子，代神农氏，是为黄帝。"这是一段描写五帝时代前期主要代表人物及其相互关系的重要文献，史家经常引用却看法不一，但多注意到这两次战争都与北方有关。李济认为涿鹿近草原，是华北农耕部落联合，防御蒙古草原各部落的南侵（《史前文化的鸟瞰》）；吕思勉则认为炎黄之战是主农耕与主游牧二习性不同民族间的战争（《三皇五帝考》第八节《炎黄之争考》，《古史辨》第七册中编）。

如从前述考古发现分析，以上记载以理解为南北不同经济类型不同文化传统之间的关系较为适宜。对此，还可作进一步引伸。《史记·五帝本纪》又记：黄帝族"迁徙往来无常处，以师兵为营卫"。这是北方游牧民族或渔猎民族生活习俗的写照。黄帝率兵与炎帝作战的"熊羆貔貅貙虎"，一般以为是黄帝部族内以野兽为图腾的诸部落的名称。它们也都很具有北方民族色彩。《山海经·大荒北经》记载："蚩尤作兵伐黄帝，黄帝乃令应龙攻之冀州之野，应龙畜水，蚩尤请风伯雨师，纵大风雨，黄帝乃下天女曰魃，雨止，遂杀蚩尤。"这里描写的战场也具北方草原景观。冀州因是五帝活动地域而列为九州之首，其地域包括了河北省西北部到辽宁省西部地区一带。《禹贡》记冀州"厥土曰白壤"，指的就是燕山南北地区的白沙质土，而不是黄土地带土质较紧密的黄土。

还有人认为黄帝与北方戎狄族有关。"黄帝之孙曰始均，始均生白狄"（《山海经·大荒西经》）。"黄帝生苗龙，苗龙生融吾，吾生弄明，弄明生白犬，白犬窗牝牡，是为犬戎"（《山海经·大荒北经》）。正因为燕山南北地区是黄帝族及其后裔的主要活动地区，所以又有"武王克殷及商，未及下车而封黄帝之后于蓟"（《礼记·乐记》）。此地也在今燕山南麓现长城脚下。由此可知，有关黄帝的记载不少都与北方地区有关，与北方古文化与中原古文化的交汇有关。其时空框架与红山文化和红山文化与仰韶文化在冀北地区的接触相吻合。这就进一步证明了以黄帝为主的五帝前期代表人物在北方地区活动的可信性。考古发现和研究的结果是黄帝族本是在燕山地区土生土长的一个部族。这同近年有的史家以为黄帝族是先由西向东移动，或再由北向南发展的观点并不相同[30]。

值得注意的是，从考古学上反映出的五帝前期南北文化关系主要是红山文化与黄河中上游仰韶文化的关系。这时，东方海岱地区与北方红山文化的关系似不明朗，只在辽东半岛南端看到山东古文化与辽东古文化的交流。那一般被视为夷族内部不同支系之间的交流频繁起来，而且是以东方古文化对辽东古文化影响为主的。至于东方与辽西古文化之间的关系，则是红山文化以后的事。在距今五千年以后，辽西地区已越过了红山文化发展的高峰，进入由红山文化向早期青铜时代的夏家店下层文化的过渡期。这一过渡期有一种被称为后红山文化（又称小河沿文化）的遗存，大汶口式的镂孔豆突然大量拥出，壶与高足杯也都具有大汶口文化特征，显然是受到来自东方大汶口文化的强烈影响所致。这样，史载五帝时代前期黄帝与炎帝等部落集团的接触和战争应主要指北方与中原之间的关系，东方集团与辽西的关系则是五帝前期以后的事。如果蚩尤族一般被认定是东方集团的人物，那么，他同黄帝族的关系就很可能是在黄帝与炎帝之后才发生的事。有人以为古史所记这两次南北战事，原为黄帝与蚩尤之间的一次战事。如从考古学上所见的南北文化关系看，主要仍为两次。先是仰韶文化与红山文化即北方与中原之间的关系，后是大汶口文化与辽西古文化即东方与北方的关系。《史记·五帝本纪》所记先是黄帝与炎帝之争，后是黄帝与蚩尤之战，可以与此相互印证。不过，无论如何，史载黄帝与炎帝、黄帝与蚩尤之间的那场惊天地、泣鬼神的重大战事，与考古学上以红山文化与仰韶文化这一南北之间主要文化关系及其重大影响惊人的吻合，确实是距今五千年前的五帝前期北方部族与中原部族交往与碰撞的有力证据。同时要指出的是，红山文化与仰韶文化的关系既有碰撞这种较为剧烈的形式，也有吸收、融合的关系，而以后者延续时间长，尤其对红山文化的形成发展以及中华传统的形成作用巨大，是红山文化与仰韶文化关系中的主导关系，所以史载黄帝与炎帝、黄帝与蚩尤的战事，既反映了其间的碰撞，也应是北南双方长期交流关系的反映。

五帝前期的代表人物，除以黄帝为首外，主要是颛顼和帝喾。史载，颛顼"绝地天通"，是宗教领袖。丁山以为，"顼"与祭玉有关，又记颛顼为北方大帝。这些似都与红山文化发达的宗教崇拜不无关系。又以帝喾为商的先祖，女神庙可能与帝辛氏的"高禖"有关，东北地区又可能是商人的起源地。这些似又同帝喾有关。虽然不必将考古文化与古史传说的人物都作具体比较和"对号入座"，但红山文化的考古新发现无疑证明了古史传说以黄帝为首的五帝时代前期代表人物在北方地区活动的可信性。

注　释

[1] 夏鼐《中国文明的起源》，文物出版社 1985 年版。

[2] 唐兰《从大汶口文化的陶器文字看我国最早文化的年代》，《光明日报》1977年 7 月 14 日；《再论大汶口文化的社会性质和大汶口陶器文字——兼答彭邦炯同志》，《光明日报》1978 年 2 月 23；《中国奴隶制社会的上限远在五、六千年前——论新发现的大汶口文化与其陶器文字，批判孔丘的反动史观》，《大汶口文化讨论文集》，齐鲁书社 1979 年版。

[3] 《苏秉琦考古学论述选集》，文物出版社 1984 年版。

[4] 秋山进午《红山文化と先红山文化—赤峰红山考古，其の一》，《古史春秋》第五号。

[5] 许倬云《古代国家形成的比较》，《北方文物》1998 年第 3 期；S.M. Nelsen：introduction，The Archaeollogy of Northeast China，Beyond the Great Wall，Routledge，1995。

[6] 甘肃省文物工作队《甘肃秦安大地湾 901 号房址发掘简报》，《文物》1986 年第 2 期。汪遵国《良渚文化"玉敛葬"述略》，《文物》1984 年第 2 期；高炜《陶寺考古发现对探讨中国古代文明起源的意义》，田昌五、石兴邦主编《中国原始文化论集——纪念尹达八十诞辰》，文物出版社 1989 年版。

[7] 安志敏《试论文明的起源》，《考古》1987 年第 5 期；陈星灿《文明诸因素的起源与文明时代——兼论红山文化还没有进入文明时代》，《考古》1987 年第 5 期。

[8] 严文明《略论中国文明起源》，《文物》1992 年第 1 期。

[9] 苏秉琦《辽西古文化古城古国——试论当前田野考古工作的重点和大课题》，《文物》1986 年第 8 期。

[10] 苏秉琦《文化与文明——1986 年 10 月 5 日在辽宁兴城座谈会上的讲话》，《辽海文物学刊》1990 年第 1 期。

[11] 苏秉琦《中国考古学会第九次年会上的讲话》，《华人·龙的传人·中国人——考古寻根记》，辽宁大学出版社 1994 年版；苏秉琦《中国文明起源新探》，商务印书馆（香港）有限公司 1997 年版，生活·读书·新知三联书店 1999 年版。

[12] 张忠培《中国古代文明之形成论纲》，《明报月刊》1996 年 11 月；《良渚文化的年代和其所处社会阶段》，《文物》1995 年第 5 期。

[13] 严文明《略论中国文明起源》，《文物》1992 年第 1 期；《文明起源研究的回顾与思考》，《文物》1999 年第 10 期。

[14] 日知主编《古代城邦史研究》，人民出版社 1989 年版。

[15] 白寿彝总主编、苏秉琦主编《中国通史》第二卷"远古时代"第 417 页，上海人民出版社 1994 年版；杨虎《关于红山文化的几个问题》，《庆祝苏秉琦考古五十五年论文集》，文物出版社 1989 年版；刘晋祥、董新林《燕山南北长城地带史前聚落形态的初步研究》，《文物》1997 年第 8 期。

[16] 苏秉琦《我的几点补充意见》，《笔谈东山嘴遗址》，《文物》1984 年第 11 期。

[17] 距牛河梁遗址群较近的一处红山文化居住址为建平县五十家子遗址，见李宇

峰《辽宁建平县红山文化遗址调查》，《考古与文物》1984 年第 2 期。

[18] 方殿春、刘葆华《辽宁阜新县胡头沟红山文化玉器墓的发现》，《文物》1984
年第 6 期；内蒙古文物考古研究所《内蒙古林西县白音长汉新石器时代遗址
发掘简报》，《考古》1993 年第 7 期。

[19] 陈淳《国家起源之研究》，《文物季刊》1996 年第 2 期。

[20] 张光直《中国青铜时代》二集 131～142 页，生活·读书·新知三联书店 1990
年版。

[21] 张忠培、乔梁《后冈一期文化研究》，《考古学报》1992 年第 3 期；白寿彝
总主编、苏秉琦主编《中国通史》第二卷"远古时代"第四章第一节；北京
市文物研究所编著《镇江营与塔照——拒马河流域先秦考古文化的类型与谱
系》，中国大百科全书出版社 1999 年版。

[22] 苏秉琦《华人·龙的传人·中国人——考古寻根记》，《中国建设》1987 年第 9
期；张家口考古队《一九七九年蔚县新石器时代考古的主要收获》，《考古》
1981 年第 2 期。

[23] 苏秉琦《象征中华的辽宁重大文化史迹》，《辽宁画报》1987 年第 1 期。

[24] 苏秉琦《纪念仰韶文化遗址发现六十五年》（代序言），《论仰韶文化》，《中
原文物特辑》1986 年。

[25] 干志耿、孙守道《关于牛河梁之行的通信》，《北方文物》1992 年第 3 期；
陆思贤《红山裸体女神像为女娲考》，《北方文物》1993 年第 3 期；郑佰昂
《论红山文化非商先文化——商先起源于幽燕说商榷》，《商丘师专学报》
1987 年第 1 期。

[26] 蔺新建《红山文化与古史传说》，《北方文物》1987 年第 3 期。

[27] 张博泉《对辽西发现五千年前文明曙光的历史蠡测》，《辽海文物学刊》1987
年第 2 期；付朗云《牛河梁女神庙族属考》，《北方文物》1993 年第 1 期。

[28] 田昌五《古代社会断代新论》第 35～62 页，人民出版社 1982 年版；陈平
《略论阪泉、涿鹿大战前后黄帝族的来龙去脉》，《北京文博》1998 年第 4
期；郭大顺《追踪五帝》，商务印书馆（香港）有限公司 2000 年版；韩嘉谷
《河北平原两侧新石器文化关系变化和传说中的洪水》，《考古》2000 年第 5
期。

[29] 苏秉琦《华人·龙的传人·中国人——考古寻根记》，辽宁大学出版社 1994 年
版；苏秉琦主编《中国通史》第二卷"远古时代"序言，上海人民出版社
1994 版。

[30] 李民《黄帝的传说与燕文明的渊源》，《中原文物》1996 年第 1 期。

六 『红山诸文化』与红山文化的源流

红山文化是如何发展起来的，其去向如何，这是关心红山文化的人们经常要提出的问题。尤其是红山文化规模宏大的坛庙冢遗址群和精美独特的玉器群，在同时期其他地区史前文化中还未见到过。它们首先出现在远离中原地区的燕山以北的辽西地区，一定有深厚的历史文化背景。

可喜的是，近年在红山文化分布范围内，包括其中心范围陆续发现了一些与红山文化有密切关系的新石器时代文化类型。它们之中有的时代早于红山文化，当是探索红山文化来源的重要资料，可称为"先红山文化"；有的时代晚于红山文化，当是寻求红山文化后续的重要线索，可称为"后红山文化"；有的大约与红山文化时代相近，当是与红山文化并行发展和相互影响的关系。由于它们是认识红山文化形成和发展的重要方面，所以分别予以叙述。它们是查海—兴隆洼文化、赵宝沟文化、富河文化和小河沿文化。

（一）先红山文化的查海—兴隆洼文化

查海—兴隆洼文化以辽宁省阜新县的查海遗址和内蒙古敖汉旗的兴隆洼遗址而命名。查海遗址处于辽河下游支流的源头，兴隆洼遗址则属于大凌河支流的牤牛河流域。这种文化的年代在距今七千年前，上限超过距今八千年。其分布范围基本与红山文化重合而更为广阔。其北部在西拉木伦河以北仍有较多分布，向南越过燕山山脉。它是红山文化分布区内明确早于红山文化的新石器时代考古文化，也是探索红山文化源头的主要对象[1]。从目前发现看，查海、兴隆洼遗址规模都较大，规格也较高，而附近还有更大遗址的线索。牤牛河流域可能是该文化分布的一个中心区。查海—兴隆洼文化主要特征是一种夹砂褐陶饰压印纹的筒形罐。这种筒形罐是东北地区以及东北亚地区新石器时代文化的共同特征。查海—兴隆洼文化的筒形罐是迄今所知东北地区最早的。由于查海—兴隆洼文化分布范围甚广而延续时间较长，在其发展过程中已可分出若干地方类型。就查海遗址和兴隆洼遗址及它们各自代表的遗存而言，它们相距约200公里，以医巫闾山余脉相隔，已表现出相当多的差别。如查海遗址选择在风化基岩上筑屋，陶器纹饰中压印

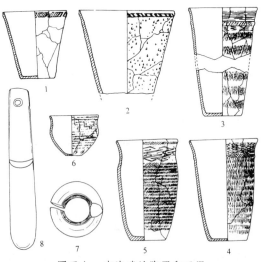

图五六　查海遗址陶器和玉器

1—6.筒形罐（1.2.早期，3.4.中期，5.6.晚期）　7.玉玦　8.玉匕

"之"字纹和压印短斜线纹特别发达；兴隆洼遗址则选择在黄白沙土中筑屋，陶器纹饰中以刻划纹和压印窝纹较为发达，典型的压印"之"字纹较少见。联系红山文化积石冢往往深凿于风化基岩的埋葬习俗和饰压印"之"字纹陶器的情况，可以说明以查海遗址为代表的地方类型与红山文化有着更为直接的渊源关系。同时，由于查海—兴隆洼文化普遍拥有以成排分布的房址群组成的大型聚落，有较发达的制陶业，尤其是已出现了选料较精、制作成熟的玉器，还出现了"类龙纹"图案，故被认为已是"文明起步"阶段。这一方面说明辽西地区新石器文化的源头还要向前追溯，另一方面也说明红山文化在文明起源上先走一步，原本在当地有着深厚的历史文化基础（图五六）。

（二）赵宝沟文化与富河文化

这是两种与红山文化分布地域有重合而年代又相近的新石器时代考古文化。

赵宝沟文化以最早发现于内蒙古敖汉旗的赵宝沟遗址而命名[2]。该文化的分布范围向北越过西拉木伦河，向东到教来河流域，向南越过燕山，分布到滦河流域，大致与红山文化分布区相近。西拉木伦河以北有较为典型而丰富的赵宝沟文化遗址发现，燕山南麓也有堆积较丰富的这类遗址，敖汉旗中南部的教来河流域和牤牛河流域与翁牛特旗的中部也是两个赵宝沟文化分布较为集中的地区。但作为红山文化分布中心区的辽宁省西部地区至今尚未有明确的赵宝沟文化遗址发现，红山文化分布另一个较为集中的地区老哈河中上游这类遗存也发现较少。由此可知，赵宝沟文化的分布可能不如红山文化那样普遍，中心区的所在似也有所不同。其典型遗址除了赵宝沟遗址，还有敖汉旗小山遗址、南台地遗址、翁牛特旗小善德遗址、林西县白音长汉遗址和迁安县东寨与西寨遗址[3]。赵宝沟文化的碳－14测定年代已有多个数据，都在距今六千年前。其文化内涵以夹细砂表面磨光饰压印几何形纹的黑褐色陶筒形罐、椭圆形筒形罐、尊、圈足钵为代表。由于在查海—兴隆洼文化的晚期已出现类似赵宝沟文化的夹细砂表面磨光饰压印回字形几何纹的罐形器，这两种文化之间的先后继承关系似更密切。同时，赵宝沟文化有不少与红山文化相同或相近的文化因素，如红顶碗，形制、纹饰相近的饰压印"之"字纹的夹砂筒形陶罐以及石磨盘、石磨棒和石犁耜组成的石器群。关于赵宝

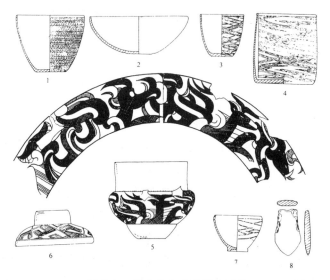

图五七　赵宝沟文化陶器和石器

1.压印"之"字纹筒形罐　2.红顶钵　3.划纹筒形罐　4.划纹椭圆形筒形罐
5.划纹"四灵"尊形器　6.划纹器盖　7.划纹圈足钵　8.石耜

沟文化与红山文化的关系，有人以为赵宝沟文化碳－14测定年代较早且与查海—兴隆洼文化有较直接的先后承袭关系，认为赵宝沟文化是查海—兴隆洼文化与红山文化之间的一种考古文化；也有人以为赵宝沟文化的年代与红山文化早期相当，这两支文化在一定区域曾有一段交错分布平行共处的时期[4]。由于赵宝沟文化拥有在磨光黑陶器上饰近似于雷纹和云纹的各式花纹，特别是在小山遗址和南台地遗址出有以鹿龙纹和鹿龙纹与猪龙纹、凤鸟纹组成"四灵"纹图案花纹，构图与技法都相当成熟，表现出赵宝沟文化在某些方面具有高于红山文化的超水平。无论赵宝沟文化早于红山文化，还是确实与红山文化的早期有一段交错共存时期，赵宝沟文化都是在红山文化形成和发展过程中起过重大影响的一支考古文化，这当没有什么疑问（图五七）。

　　富河文化也是与红山文化有同时共存关系的一种新石器文化，但具体情况又有很大不同。该文化集中分布在西拉木伦河北岸。它用压削法制作长达13厘米石叶的相当成熟的细石器、器形规整的打制石器和饰压印箆点式"之"字纹筒形陶罐、圈足钵为主要特征，反映了采集狩猎和畜牧为主的经济生活。关于富河文化的年代，因最初发现时碳－14测定年代数据在距今五千年左右和在杨家营子遗址发现了富河文化层迭压在红山文化层之上的地层关系，曾认为富河文化晚于红山文化。随着对与富河文化特征近似的查海——兴隆洼文化、新乐文化年代的确定，有人已提出富河文化的年代应较早，大约与红山文化同时[5]。陶器和石器表现出与红山文化相近的特点也说明了这一点。由于富河文化与红山文化是两支不同经济类型的考古文化，它们在西拉木伦河两岸交错共存，其相互吸收

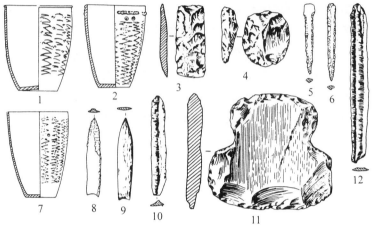

图五八　富河文化石器和陶器

1.2.7.压印"之"字纹筒形罐　3.石铲　4.砍砸器　5.6.石锥　8.9.石镞
10.12.长石片　11.有肩石锄

影响的幅度必然更大。这样，富河文化就成为红山文化发展过程中又一起到重要作用的史前文化（图五八）。

（三）后红山文化的小河沿文化

早在20世纪20～30年代红山文化发现之时，就已有小河沿文化发现，但这一文化类型的正式确立却是近年内蒙古敖汉旗小河沿白斯朗营子遗址和翁牛特旗大南沟墓地发现以后的事[6]。小河沿文化的早期，泥质红陶和彩陶仍占有较大比重，饰带状龙鳞纹图案的彩陶钵、夹砂陶筒形罐等反映出与红山文化的先后衔接关系，但灰黑陶已明显增多，豆形器、壶形器增加，纹饰中以绳纹替代了压印"之"字纹，出现回字纹和雷纹等。到中晚期时，这些新文化因素已占据主要地位，如以灰黑陶为主，出现高足杯、折腹盆和盅形器等新器类和方格纹，朱绘普遍并出现彩绘陶器。小河沿文化的墓葬有的选择在高山顶部，盛行屈肢葬，表现出强烈的自身特点，同时也表现出来自东南沿海地区的大汶口文化和来自西部史前文化的影响。小河沿文化的分布，北过西拉木伦河，南临渤海，越过燕山山脉，到达华北平原北部，西则在内蒙古岱海地区的庙子沟文化也可见其影响。其分布范围与红山文化大体吻合又似偏于西南一侧。虽然在这一广阔范围内，小河沿文化遗址点远较红山文化

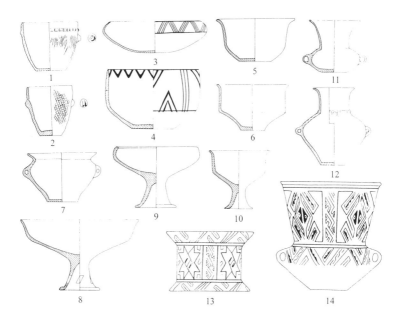

图五九　小河沿文化陶器

1.2.筒形罐　3.4.彩陶钵　5.6.折腹盆　7.双耳侈口罐　8.9.豆　10.高足盘
11.12.壶　13.彩陶器座　14.彩陶尊（1、3、5、9、11.早期，8、10.中期，
2、6、7、12.晚期，13、14.白斯朗营子，余大南沟）

为稀少，但大量新因素的出现说明该文化正在以一种全新的面貌跨入一个新阶段。尤其是如泥质红陶减少和黑灰陶逐渐增多，作为红山文化主要特征的饰压印"之"字纹的筒形罐渐被饰绳纹的鼓腹罐所代替，由红山文化的盆钵类向夏家店下层文化的盂形器演变，由红山文化的彩陶鳞纹向雷纹演变等变化趋势，表现出小河沿文化担当了红山文化向当地早期青铜文化夏家店下层文化过渡的历史使命（图五九）。

（四）"红山诸文化"的提出
与红山文化的源流

在红山文化分布区内，除了以上几种主要的史前文化以外，还有新的文化现象露头。例如，在西拉木伦河北发现的一种以饰凸起的条纹筒形罐为特征的文化遗存，与松嫩平原的昂昂溪等史前文化面貌相近；阿鲁克尔沁旗发现的彩陶三足盘式鼎等，形制已近于辽东半岛和山东半岛龙山文化时期的盘形鼎，暗示着红山文化一类以彩陶为主要特征的遗存在西拉木伦河以北可能延续时间较长[7]。多种不同系统的文化分布交错，平行发展，既各有头绪，又有所衔接，这是辽西地区史前时期一个特殊的文化现象。而且这多种文化表现为经济类型各有不同，甚至文化传统也有所不同。并不同源的文化之间的共存、交错与相互影响，特别是一些先进文化因素的影响，成为红山文化不间断发展的重要推动力，也使红山文化成为非单一农业而是农牧渔猎结合的经济类型以及具有文化内涵的多样性，出现了以红山文化为主干的"红山诸文化"异彩竞放的局面。红山文化在这样一种优越的文化环境中形成和发展，是该文化在中华文明起源中"先走一步"的一个主要原因。

"红山诸文化"虽以与红山文化同时共存、相互影响的诸文化为主,但也可包括先红山文化和后红山文化,即包括了红山文化的源和流在内。红山文化源于查海—兴隆洼文化,并无问题,虽然具体过程还需作详细论证,但查海—兴隆洼文化所表现出的进步性已充分表明红山文化是在一个文化发展较高的水平上起步的,同时,来自燕山以南的影响也不可低估。红山文化与后红山文化之间,既有文化因素的前后承袭关系,又有较大变化,而小河沿文化在燕南地区分布的范围又超过红山文化。所以,红山文化在其盛行一时之后,尽管也出现过低潮时期,但既没有中断,也没有衰退,而是经过后红山文化时期的酝酿过渡,在距今四千年前的早期青铜时代,在比红山文化分布更广的范围之内出现了与夏为伍的强大的夏家店下层文化,燕山南北地区也在红山文化的古国阶段之后进入了一个新时代——方国时代。

注　释

[1] 辽宁省文物考古研究所《辽宁阜新县查海遗址 1987～1990 的三次发掘》,《文物》1994 年第 11 期;中国社会科学院考古研究所内蒙古工作队《内蒙古敖汉旗兴隆洼遗址发掘简报》,《考古》1985 年第 10 期;中国社会科学院考古研究所内蒙古工作队《内蒙古敖汉旗兴隆洼聚落遗址 1992 年发掘简报》,《考古》1997 年第 1 期。

[2] 中国社会科学院考古研究所内蒙古工作队《内蒙古敖汉旗赵宝沟一号遗址发掘简报》,《考古》1988 年第 1 期;中国社会科学院考古研究所编著《敖汉赵宝沟——新石器时代聚落》,大百科全书出版社 1997 年版;刘晋祥《赵宝沟文化初论》,《庆祝苏秉琦考古五十五年论文集》,文物出版社 1989 年版。

[3] 中国社会科学院考古研究所内蒙古工作队《内蒙古敖汉旗小山遗址》,《考

古》1987 年第 6 期；敖汉旗博物馆《敖汉旗南台地赵宝沟文化遗址调查》，
《内蒙古文物考古》1991 年第 1 期；刘晋祥《翁牛特旗小善德沟新石器时代
遗址》，《中国考古学年鉴·1989》，文物出版社 1990 年版；内蒙古文物考古
研究所《克什克腾旗南台子遗址》，内蒙古文物考古研究所编、魏坚主编
《内蒙古文物考古文集》第二辑，中国大百科全书出版社 1997 年版；内蒙古
文物考古研究所《林西县水泉遗址发掘述要》，内蒙古文物考古研究所编、
魏坚主编《内蒙古文物考古文集》第二辑，中国大百科全书出版社 1997 年
版；河北省文物管理处《河北迁安安新庄新石器遗址调查和试掘》，《考古学
集刊·4》，中国社会科学出版社 1984 年版；河北省文物研究所《河北省迁西
县东寨遗址发掘简报》，《文物春秋》1992 年增刊；河北省文物研究所、唐
山市文物管理处、迁西县文物管理所《迁西西寨遗址 1998 年发掘报告》，
《文物春秋》1992 年增刊。

[4] 刘晋祥《赵宝沟文化初论》，《庆祝苏秉琦考古五十五年论文集》，文物出版
社 1989 年版；朱延平《小山尊形器'鸟兽图'试析》，《考古》1990 年第 4
期；杨虎《辽西地区新石器——铜石并用时代考古文化序列与分期》，《文
物》1994 年第 5 期。

[5] 中国科学院考古研究所内蒙队《内蒙古巴林左旗富河沟门遗址发掘简报》，
《考古》1964 年第 1 期；刘观民、徐光冀《辽河流域新石器文化的发展与研
究》，《中国考古学会第一次年会论文集》，文物出版社 1979 年版；郭大顺、
马沙《以辽河流域为中心的新石器文化诸问题》，《考古学报》1985 年第 3
期；朱延平《富河文化的若干问题》，内蒙古文物考古研究所编，李逸友、
魏坚主编《内蒙古文物考古文集》第一辑，中国大百科全书出版社 1994 年
版。

[6] 内蒙古自治区昭乌达盟文物工作站《内蒙古昭乌达盟石羊石虎山新石器时代
墓葬》，《考古》1963 年第 10 期；辽宁省博物馆、昭乌达盟文物工作站、敖
汉旗文化馆《辽宁敖汉旗小河沿三种原始文化的发现》，《文物》1977 年第
12 期；辽宁省文物考古研究所、赤峰市博物馆编《大南沟—后红山文化墓
地发掘报告》，科学出版社 1998 年版。

[7] 刘观民《五千年前环渤海湾考古学文化区系关系》，河北省文物考古研究所
编《环渤海考古国际学术讨论会论文集》，知识出版社 1996 年版。

结束语

红山文化研究的新课题

随着红山文化研究的深入，新的课题不断提出。它们是从两个不同的方面展开的。

1. 加强基础工作。红山文化的研究虽已进入到探索社会发展阶段的深层次阶段，但基础工作却较为薄弱。除了分期与地方类型的划分仍需继续努力，寻找与牛河梁遗址相适应的大型居住遗址是早已提到日程的又一个重要问题。关于同牛河梁遗址相对应的大型居住遗址的寻找，应充分考虑红山文化的特殊性。目前，在牛河梁遗址第一地点女神庙以北的大型山台上已有新的遗迹现象露头。内蒙古敖汉旗西台遗址发现的聚落环壕和铸铜陶合范[1]，都是不应忽视的线索。

红山文化玉器研究中也存在基础工作薄弱的问题。目前已在红山文化玉器的区域性特征、玉器分类与造型、功能及其所反映的社会思想观念等方面多有讨论，甚至重提中国上古史上的"玉兵时代"（或"玉器时代"），但有关红山文化玉器自身的分期及分区、玉料的产地和玉作坊的探寻、玉器工艺等仍是薄弱环节，亟待加强。这方面，近年所进行的"拉网式"遗址调查，对寻找新的红山文化遗址尤为实用。因为部分红山文化遗址，特别是像东山嘴和牛河梁这样的祭祀性遗址，所处位置甚高，无晚期扰乱，较为单纯，更有利于材料的系统全面收集。

2. 其他研究课题围绕着红山文化社会发展的机制提出。

例如，关于红山文化的性质，曾较多注意红山文化农耕的发展，将红山文化划归黄河流域的燕辽文化区。近年，在考古学文化区系类型学说指导下，多将中国史前文化中经常起作用的古文化分为三大区：以彩陶钵盆、尖底瓶—鬲为主要特征的中原粟作农业文化区、以鼎为主要特征的东南沿海稻作农业文化区和以筒形罐为主要特征的东北渔猎文化区[2]。红山文化所在的西辽河流域，在距今七千年前后的查海—兴隆洼文化时期是阔叶林和针叶林混交型的森林草原地区。到距今六千年前的红山文化时期，气候虽有向暖湿转化过程，遗址高度相应下移，发展了农业，但从红山文化遗址出土较多野生动物骨骼，如熊、赤鹿、马鹿、具有较多野生特征的猪、羊等以及细石器和打制石器较发达，加上居住遗址文化堆积普遍较薄所反映的定居不稳定性等方面看，仍属森林草原地区，采集、渔猎在经济生活中仍举足轻重。与红山文化在西辽河流域北部交错分布、同时共存的富河文化遗址，多见沙漠草原型的野生动物鹿、猪、獾等，未见大型草原奇蹄类动物，也可供参照[3]。尤其是红山文化以筒形陶罐和细石器为主要文化特征，这是东北地区以及东北亚地区普遍的文化特征，所以红山文化是以东北渔猎文化为本的一支史前文化。

红山文化所在的辽西地区，又是东北渔猎区与中原农耕区交汇的前沿地带。如果红山文化与中原仰韶文化的结合是东北渔猎文化与中原农耕文化的结合，那么对渔猎文化在中国文明起源中的作用就应重新估价。这方面的深入研究，需要对红山文化开展多学科协作，进行地理环境、经济生活方面的基础工作。

当然，今后红山文化的研究仍然以围绕中国文明起源的课题最为重要。

由于 80 年代兴起的中国文明起源的研究和讨论与红山文化的考古新发现和研究成果有着直接关系，今后红山文化研究与中国文明起源的研究仍是密不可分和相互促进的。

为此，首先对红山文化的考古新发现在中国文明起源的讨论中所起的作用应有客观而准确的评价。回顾中国文明起源研究的历史，长期以来限于历史考古界内部。80 年代中期，随着红山文化考古新发现及其广泛持续的报道，先是在社会各界引起强烈反响，后才推动了学术界关于中国文明起源的大讨论，并引起了美术史、建筑史、宗教史、文化史研究者的重视。之所以如此，一是因为这次讨论的焦点，在距今五千年前这一阶段的史前文化，紧扣五千年文明古国这一主题，而长期以来这一时期被认为属于母系社会繁荣时期；二是因为涉及的地区远不限于长期被视为中华文明摇篮的中原地区，而是远离中原的长城以北地区；三是这次讨论突破了所谓"三要素"即文字的发明、城市的出现和金属的使用，而更注重理论上的建树，如在考古学文化区系类型理论基础上提出的古文化古城古国的观点和"礼"的起源等。据此，今后文明起源研究的深入，重点应放在五千年前后这一阶段；注意中原以外地区的先进因素在中国文明起源中的作用，注意研究中国文明起源自身的特点等。同时，仍然要注意和借助于学术界内外、历史考古界内外的相互促进。

其次，关于中国文明起源的自身特点和道路，逐渐成为文明起源讨论的一个关键点。张光直提出东西方文明道路的区别，是很有启示性的观点，并已从红山文化和其他史前文化的考古发现中得到证明，即走区别于西方重视人改造自然的"破裂性文明"的人与自然相协调的"连续性文明"道路。人们已从红山文化玉器和埋葬习俗等方面所表现出的通神及其独占性，探讨了中国文明起源的这种自身特点，但仅是开始。它所涉及的精神重于物质的思维观念、惟玉为礼才是"礼"的初意、天人合一观念的启蒙等，对追溯中国文化渊源极具价值。这既是辽河流域文明起源的特征，在中国文明起源总的进程中也很具代表性。这方面如作进一步探讨，必将大大开拓中国文明起源讨论的领域。

第三，文化交汇的作用。区内区间诸考古文化频繁的交汇是中国跨入文明时代的原动力，而且多是不同经济类型不同文化传统诸文化间的交流。其结果不是各自因发展自身而分道扬镳，而是相互吸收融合而汇聚一体，从而实现了文明起源、文化一统与传统初现三者并行，相互促进，为中华文化、中华文明、中华传统奠了基。红山文化与仰韶文化的交汇所产生的花（华）与龙的结合就是其中的一个典型实例。这已涉及到中华文化所以连绵不断的根源的研究，所以也极为重要。

第四，与五帝传说的结合。实现考古资料与文献记载的有机结合，重建中国史前史，是史前考古研究的最终目标。红山文化坛庙冢的发现，在论证中华五千年文明起源的同时，也将复原五帝时代的史迹重新提了出来。五帝时代是中华文明史的首页，是中国史上最为活跃的一个时代。虽然走考古与文献结合的道路是解决这一问题的惟一出路已是学术界的共识，但真正达到接近于这一问题的解决仍需作很大努力。这不仅有待更多更直接的考古发现，更主要的是在理论和方法上的突破。考古学文化区系类型理论对解决这一问题开拓了新的思路，应继续沿着这一正确方向探索下去。由红山文化的考古新发现所引起的对燕山南北地区与五帝时代关系的思考，对这一课题的研究无疑是一个推动。

第五，与世界古文明的比较。由于中华五千年文明的提出，使人们看到以中国为主的东亚地区与西亚北非诸文明古国在文明起源过程中的同步性，也为其间的比较创造了条件。这是一个研究范畴更为广阔的课题，需要对域外包括联系东西方的中间环节、中间地带有关资料的深入了解和消化。这方面已有的线索，如红山文化积石冢与金字塔演变的关系及其所体现的文明初始阶段突现一人独尊的思维观念、女神塑像的发达及共同特性、喜用石头建筑等。这些东西方文明初始阶段文化的共同点和相近点，既有相近的时代特征，也不应排除当时在东西方之间的相互交流和影响。前来牛河梁遗址考察的西方学者也曾提出"从世界史角度研究红山文化"的见解。由此可见，这方面的研究前景十分可观。

最后要提到的是关于古与今的接轨。考古是为了知今，古今最终是连为一体的。应在探讨中国文明起源过程、规律和特点中，寻找与当今人类面临的突出问题的联系。例如，人与自然的关系问题、传统与现代化关系问题。红山文化在这方面已表现出的线索，如在与区内外不同经济类型不同文化传统的文化的频繁交流中发展起来，由此而导致文明的较早诞生和传统初现等意想不到的效果。从红山文化玉器所具有的"惟玉为礼"到后世的"以玉比德"，是玉器由通神工具到道德观、价值观载体的演变过程。以沟通天地为特征的文明起源过程则反映出人与自然的和谐关系。这些在文明起始阶段产生的精神领域和思维观念方面的新概念，成为中国古代传统文化的核心，一直延续至今，应予以认真总结。

注　释

［1］《敖汉旗西台新石器时代和青铜时代遗址》，《中国考古学年鉴·1988》，文物出版社 1989 年版。

［2］严文明《中国史前文化的统一性与多样性》，《史前考古论集》，科学出版社 1998 年版；秋山进午《东北地区の新石器文化》，《世界の大遗迹·9·古代中国の遗产》，讲谈社 1988 年版；甲元真之《长江と黄河—中国初期农耕文化の比较研究》，《国立历史民俗博物馆研究报告》40，1992 年；严文明《中国古代文化三系统说（提要)》，《中国北方古代文化国际学术讨论会论文集》，文史出版社 1995 年版。

［3］孔昭宸、杜乃秋、刘观民、杨虎《内蒙古自治区赤峰市距今 8000～2000 年间环境考古学的初步研究》，《大甸子》附录二，科学出版社 1996 年版。

参 考 文 献

专著与论集

1. 安特生《奉天锦西沙锅屯洞穴层》,《中国古生物志》丁种第 1 号第 1 册,地质调查所,1923 年。

2.《梁思永考古论文集》,科学出版社 1959 年版。

3. 滨田耕作、水野清一《赤峰红山后—热河省赤峰红山后先史遗迹》,《东方考古学丛刊》甲种第 6 册,东亚考古学会,1938 年。

4. 裴文中《中国史前时期之研究》,商务印书馆 1948 年版。

5. 尹达《中国新石器时代》,生活·读书·新知三联书店 1955 年版。

6. 中国科学院考古研究所编著《新中国的考古收获》,文物出版社 1961 年版。

7. 中国社会科学院考古研究所编著《新中国的考古发现与研究》,文物出版社 1984 年版。

8.《苏秉琦考古论述选集》,文物出版社 1984 年版。

9. 张忠培《中国北方考古文集》,文物出版社 1986 年版。

10.《庆祝苏秉琦考古五十五年论文集》,文物出版社 1989 年版。

11. 张光直《中国青铜时代》二集,生活·读书·新知三联书店 1990 年版。

12. 苏秉琦《华人·龙的传人·中国人——考古寻根记》,辽宁大学出版社 1994 年版。

13. 苏秉琦主编《中国通史》第二卷"远古时代",上海人民出版社 1994 年版。

14. 孙守道、郭大顺主笔《文明曙光期祭祀遗珍—辽宁红山文化坛庙冢》,《中国文物考古之美·1》,文物出版社、(台)光复书局 1994 年版。

15. 苏秉琦《中国文明起源新探》,商务印书馆(香港)有限公司 1997 年版,生活·读书·新知三联书店 1999 年版。

16. 中国社会科学院考古研究所编著《敖汉赵宝沟—新石器时代聚落》,中国大百科全书出版社 1997 年版。

17. 辽宁省文物考古研究所编著《牛河梁红山文化遗址与玉器精粹》,文物出版社 1997 年版。

18. 严文明《史前考古论集》,科学出版社 1998 年版。

19. 辽宁省文物考古研究所、赤峰市博物馆编著《大南沟—后红山文化墓地发掘报告》,科学出版社 1998 年版。

20. 香港中文大学中国考古艺术研究所邓聪编《东亚玉器》,1998 年。

21. 郭大顺《追寻五帝》,商务印书馆(香港)有限公司 2000 年版。

考古报告与简报

1. 吕遵谔《内蒙赤峰红山考古调查报告》,《考古学报》1958 年第 3 期。

2. 中国科学院考古研究所内蒙古队《内蒙古巴林左旗富河沟门遗址发掘简报》,《考古》1964 年第 1 期。

3. 辽宁省博物馆、昭乌达盟文物工作站、敖汉旗文化馆《辽宁敖汉旗小河沿三种原始文化的发现》,《文物》1977 年第 12 期。

4. 中国科学院考古研究所内蒙古工作队《赤峰蜘蛛山遗址的发掘》,《考古学报》1979 年第 2 期。

5. 中国科学院考古研究所内蒙古工作队《赤峰西水泉红山文化遗址》,《考古学报》1982 年第 2 期。

6. 方殿春、刘葆华《辽宁阜新县胡头沟红山文化玉器墓的发现》,《文物》1984 年第 6 期。

7. 郭大顺、张克举《辽宁省喀左县东山嘴红山文化建筑遗址发掘简报》,《文物》1984 年第 11 期。

8. 中国社会科学院考古研究所内蒙古工作队《内蒙古敖汉旗兴隆洼遗址发掘简报》,《考古》1985 年第 10 期。

9. 李恭笃《辽宁凌源县三官甸子城子山遗址试掘报告》，《考古》1986 年第 6 期。

10. 辽宁省文物考古研究所《辽宁牛河梁红山文化"女神庙"与积石冢群发掘简报》，《文物》1986 年第 8 期。

11. 中国社会科学院考古研究所内蒙古工作队《内蒙古敖汉旗小山遗址》，《考古》1987 年第 6 期。

12. 辽宁省文物考古研究所《辽宁阜新县查海遗址 1987～1990 年三次发掘》，《文物》1994 年第 11 期。

13. 中国社会科学院考古研究所内蒙古工作队《内蒙古敖汉旗兴隆洼聚落遗址 1992 发掘简报》，《考古》1997 年第 1 期。

14. 辽宁省文物考古研究所《辽宁牛河梁第五地点一号冢中心大墓（M1）发掘简报》，《文物》1997 年第 8 期。

15. 辽宁省文物考古研究所《辽宁牛河梁第二地点四号冢筒形器墓的发掘》，《文物》1997 年第 8 期。

16. 辽宁省文物考古研究所《辽宁牛河梁第二地点一号冢 21 号墓发掘简报》，《文物》1997 年第 8 期。

17. 辽宁省文物考古研究所《辽宁凌源市牛河梁遗址第五地点 1998～1999 年度的发掘》，《考古》2001 年第 8 期。

论文

1. 刘观民、徐光冀《辽河流域新石器时代的考古发现与认识》，《中国考古学会第一次年会论文集》，文物出版社 1979 年版。

2. 孙守道《论中国史上"玉兵时代"的提出——红山文化玉器研究札记》，《辽宁文物》第 5 期，1983 年。

3. 孙守道《三星他拉红山文化玉龙考》，《文物》1984 年第 6 期。

4. 孙守道、郭大顺《辽河流域的原始文明与龙的起源》，《文物》1984 年第 6 期。

5. 俞伟超、严文明等《座谈东山嘴遗址》，《文物》1984 年第 11 期。

6. 郭大顺、马沙《以辽河流域为中心的新石器文化诸问题》，《考古学报》1985 年第 4 期。

7. 秋山进午《红山文化と先红山文化—赤峰红山考古、其の一》,《古史春秋》第五号,朋友书店,1989 年。

8. 刘晋祥《赵宝沟文化初论》,《庆祝苏秉琦考古五十五年论文集》,文物出版社 1989 年版。

9. 张星德《红山文化分期初探》,《考古》1991 年第 8 期。

10. 严文明《略论中国文明的起源》,《文物》1992 年第 1 期。

11. 杨虎《辽西地区新石器—铜石并用时代考古文化序列与分期》,《文物》1994 年第 5 期。

12. 邵国田《概述敖汉旗的红山文化遗址分布》,《中国北方古代文化国际学术研究会论文集》,文史出版社 1995 年版。

13. 严文明《中国王墓的出现》,《考古与文物》1996 年第 1 期。

14. 张忠培《仰韶时代—史前社会的繁荣与向文明时代的过渡》,《故宫博物院院刊》1996 年第 1 期。

15. 孔昭宸、杜乃秋、刘观民、杨虎《内蒙古自治区赤峰市距今 8000—2000 年间环境考古学的初步研究》,《大甸子》附录二,科学出版社 1996 年版。

16. 郭大顺《玉器的起源与渔猎文化》,《北方文物》1996 年第 4 期。

17. Sarah M. Nelson：The Archaeollogy of Northeast China, Beyond the Great Wall, Routledge, 1995。

18. 郭大顺《红山文化的"惟玉为葬"与辽河文明起源特征再认识》,《文物》1997 年第 8 期。

19. 许倬云《古代国家形成的比较》,《北方文物》1998 年第 3 期。

20. 邓淑苹《谈谈红山系玉器》,(台)《故宫文物月刊》第 189 期,1998 年。

21. 邓淑苹《"玉器时代"论辨平议》结网篇,东大图书公司,1998 年,台北。

22. 严文明《中国文明起源研究的回顾与思考》,《文物》1999 年第 10 期。

图书在版编目（CIP）数据

红山文化/郭大顺著. --北京：文物出版社，2005.2
（2020.11重印）

（20世纪中国文物考古发现与研究丛书）

ISBN 978-7-5010-1567-2

Ⅰ.红… Ⅱ.郭… Ⅲ.红山文化-研究
Ⅳ.K871.13

中国版本图书馆CIP数据核字（2004）第001722号

20世纪中国文物考古发现与研究丛书

红山文化

著　　者　郭大顺

封面设计　张希广
责任印制　苏　林
责任编辑　周　成
出版发行　文物出版社
社　　址　北京市东直门内北小街2号楼
网　　址　http://www.wenwu.com
邮　　箱　web@wenwu.com
印　　刷　文物出版社印刷厂有限公司
开　　本　850mm×1168mm　1/32
印　　张　8.125
版　　次　2005年2月第1版
印　　次　2020年11月第3次印刷
书　　号　ISBN 978-7-5010-1567-2
定　　价　40.00元